Anonymous

Verhandlungen der Großdeutschen Versammlung zu Frankfurt a. M.

28. und 29. Oktober 1862

Anonymous

Verhandlungen der Großdeutschen Versammlung zu Frankfurt a. M.
28. und 29. Oktober 1862

ISBN/EAN: 9783743455818

Hergestellt in Europa, USA, Kanada, Australien, Japan

Cover: Foto ©ninafisch / pixelio.de

Weitere Bücher finden Sie auf **www.hansebooks.com**

Verhandlungen

der

großdeutschen Versammlung

zu

Frankfurt a. M.

vom 28. und 29. October 1862.

Frankfurt a. M. 1862.

In Commission bei Heinrich Keller.

Druck von August Osterrieth.

I.

Namens-Verzeichniß

der zur

Versammlung angemeldeten Theilnehmer.

Abendroth, von, A. G., Königl. Sächsischer Geheimer
    Kriegsrath, aus Wenigen-Auma.
Adam, Dr. P. L., aus Ulm.
Adams, Franz, Advocat-Anwalt, aus Coblenz.
Abrian, A., aus Oberursel.
Abrian, Ploos von Amstel, aus Heidelberg.
Alewyn, Major, aus Offenbach.
Allmann, Ferdinand, aus Bingen.
Andlaw, Freiherr von, aus Freiburg.
Ansmann, Notar, aus Homburg.
Arnheim, Dr. und Advocat, aus Bayreuth.
Auerbach, Dr. W., Advocat, aus Frankfurt.
Aufseß, Baron von, aus Frankfurt.
Aull, H. C., Bezirksgerichts-Rath, aus Mainz.
Bachem, J. B., Verleger der Cölner Blätter, aus Cöln.
Baber, Baurath aus Freiburg i. B.
Babhauser, Magistratsrath, aus München.
Bärens, Dr., aus Hannover.
Bauer, Joseph, Abgeordneter, aus Neustadt.
Baumbach, von, Freiherr auf Obermöllrich.
Baumbach, Baron von, aus Kurhessen.
Baur, Professor, aus Darmstadt.
Baur, Archivdirektor, aus Darmstadt.
Bayrhammer, aus Elwangen.
Bechtold, von, Obrist, aus Darmstadt.
Bechtold, von, Hofgerichtsrath, aus Darmstadt.
Bechtold, von, Generallieutenant, aus Darmstadt.
Beck sen., Baron Carl von, aus Augsburg.
Beckmann, Dr., aus Darmstadt.
Beisler, Hermann, Bezirksamts-Assessor, aus Speyer.
Bellinger, Professor, Abgeordneter der II. Kammer, aus
    Hadamar.
Benedict, Dr. Jos., aus Wien.
Bergheim, Baron von, aus Carlsruhe.
Berlichingen, Fr. Graf von, aus Mannheim.
Berna, Georg, Dr., aus Frankfurt.
Berntheusel, Districts-Einnehmer, aus Langen.
Bernthensel, aus Darmstadt.
Bernus, Senator, aus Frankfurt.
Beyfus, M. S., aus Frankfurt.

Bissing, Dr., ehemaliger Abgeordneter, aus Heidelberg.
Blad, aus Berlin.
Bloß, aus Frankfurt.
Bobenhausen, Freiherr von, auf Arnstein.
Bobenhausen, von, Kammerherr, aus Kurhessen.
Bobmann, Baron von, aus Baden.
Bogner, Dr. med., aus Frankfurt.
Böhmer, Oeconom, aus Böhmerhof bei Lingen.
Bötticher, Hofgerichts-Rath, aus Giessen.
Bolongaro, Anton, aus Frankfurt.
Bolza, Fr., Notar, aus Rheinzabern.
Bonn, Carl, aus Frankfurt.
Bopp, Bezirksrichter, aus Kaiserslautern.
Borgnis, Friedr., aus Frankfurt.
Borgnis, Mathias, aus Frankfurt.
Bracht, Dr., Director, aus Darmstadt.
Brandis, von, General-Postdirector, aus Hannover.
Braun, Appellationsgerichts-Assessor, aus Aschaffenburg.
Breidbach-Bürresheim, Baron von, General, Abge-
    ordneter der I. Kammer, aus Wiesbaden.
Brenner, Dr., Hofgerichts-Rath, aus Darmstadt.
Brenner, Gust., aus Darmstadt.
Brentano, Anton, aus Frankfurt.
Brentano, Louise, aus Frankfurt.
Brinz, Dr. Prof., aus Prag.
Brinz, Advocat, aus Aschaffenburg.
Brode, Aug., aus Hannover.
Brönnenberg, Obersteuerdirektor, aus Hannover.
Brückner, Dr., aus Frankfurt.
Buddens, Dr., aus Frankfurt.
Burgeff, Carl, aus Hochheim.
Burnitz, Baumeister, aus Frankfurt.
Busch, Ed., Dr. med., aus Bad-Ems.
Busch, Dr., Amts-Assessor, aus Wiesbaden.
Buß, Dr., Hofrath, Professor der Rechte, aus Freiburg.
Buttlar, Freiherr auf Elberberg.
Buttlar, Baron von, aus Kurhessen.
Butler-Haimhausen, Theodor, Graf, Abgeordneter,
    von Schloß Haimhausen.
Buzzi, H., aus Frankfurt.

1*

Carlsen, von, Kriegsministerial-Secr., aus Darmstadt.
Chelius, Rath und Bezirks-Amtmann, aus Homburg.
Chrismar, Carl von, Privatier, aus Constanz.
Cornberg, O. von, Freiherr und Ritter-Gutsbesitzer, aus Carlsruhe.
Creve, Dr. Geh. Rath, aus Darmstadt.
Cron, aus Carlsruhe.
Dahmen, Abgeordneter der II. Kammer, aus Carlsruhe.
Dankert, G., Obergerichts-Director, aus Aurich.
Decken, Graf von der, aus Hannover.
Decters, Fabrikant, aus Lingen.
Degenfeld, Graf von Schomburg, Oberst a. D. und rittersch. Abgeordneter, aus Stuttgart.
Dessauer, Vice-Consul, aus Aschaffenburg.
Dietmaier, J., Abgeordneter, aus Bergkirchen.
Discher, Joh., aus Frankfurt.
Dobbhof, von, aus Wien.
Doerr, Hofgerichts-Rath, aus Giessen.
Dorth, E. Freiherr von, aus Darmstadt.
Duhr, Dr. med., aus Coblenz.
Eberlin, Kirchenrath, Decan, aus Heidelberg.
Eckert, With., aus Frankfurt.
Eichthal, Baron Carl von, aus München.
Eichthal, Baron Ludwig von, aus München.
Elster, aus Frankfurt.
Eisenhardt, E., Consul, aus Mannheim.
Englerth, Sebast., aus Randersacker.
Ennen, Dr., Stadtarchivar, früheres Mitglied des Preuß. Abgeordneten-Hauses, aus Cöln.
Erath, Wilhelm, Abgeordneter.
Erlanger, Dr. von, aus Frankfurt.
Erdmannsdorf, Otto von, Mitglied der I. Kammer, aus Sachsen.
Ernst, Administrator, aus Wallmoden.
Ernst, Friedrich, Oeconom, aus Aschaffenburg.
Fachbach, aus Mainz.
Faulstich, Magistrats-Rath, Landtagsabgeordneter, aus München.
du-Fay, J. R., aus Frankfurt.
Finger, Joh. Justus, aus Frankfurt.
Fischer, Dr., Amtsassistenz-Arzt, aus Heidelberg.
Fischer, Hofrath, Dr., aus Frankfurt.
Fleck, Ludwig, aus Frankfurt.
Foerg, Bürgermeister, Abgeordneter, aus Donauwörth.
Forster, E., aus Frankfurt.
Frank, Dr., Secretär, aus Darmstadt.
Frand, Geh. Rath, aus Darmstadt.
Freerichs, Bürgermeister, aus Duderstadt.
Fretter, Privatier, aus Heidelberg.
Freund, aus Frankfurt.
Frey, Dr., Zahnarzt, aus Frankfurt.
Frey, Oberappellations-Gerichts-Rath, aus Darmstadt.
Friesen, Freiherr v., Kammerherr und Geheimer Finanzrath auf Rötha in Sachsen.
Fritsch, J. R. von, Ritter, Oesterr. Statthalt-Rath, aus Salzburg.
Frib, Caplan, aus Frankfurt.
Fröbel, Dr., aus Wien.
Frommann, Buchhändler, aus Jena.
Froschauer, von, Sebast., Kreishauptmann, Reichsrathsmitglied, aus Vorarlberg.
Fuchs, Baron, aus Limbach.
Fürst, Rechtsanwalt, aus Rothenburg a. T.

Gartschenberger, S., Redacteur vom Würzburger Journal, aus Würzburg.
Gagern, Heinrich von, aus Darmstadt.
Gagern, von, Freiherr, Priester aus Schifferstadt.
Gasser, Oberlehrer, aus Frankfurt.
Gaul, Notar a. D., aus Cöln.
Geidner, Dr., aus Frankfurt.
Geßler, Professor, aus Tübingen.
Geyger, Dr., aus Frankfurt.
Gienanth, Freiherr von, aus Rheinbayern.
Giettl, Professor, aus München.
Gleichen-Rußwurm, Freiherr von, aus Greifenstein.
Gleispach, Graf, aus Wien.
Götzenleuchter, E., Präsident der Handelskammer, aus Offenbach.
Göriz, J. E., Oberjustizprocurator, aus Ulm.
Goldmann, Geh. Rath, aus Darmstadt.
Goldmann, Dr., Kreisrath, aus Dieburg.
Goldschmidt, H. H., aus Frankfurt.
Goß, D., Rath, Stadtpfarrer und Decan, aus Dieburg.
Gradwohl, Stadtschultheiß, aus Reutlingen.
Gredy, Obergerichts-Rath, aus Mainz.
Grimm, Carl, Bürgermeister und Kammermitglied, aus Heidingsfeld.
Groß, Notar, Bürgermeister, Reichsrathsmitglied, aus Ekle, (Ober-Oesterreich.)
Groß, von, Ober-Appellations-Gerichts-Rath, aus Darmstadt.
Großmann, D., Abgeordneter I. Kammer, aus Wiesbaden.
Großmann, Dr. med., aus Soden.
Grote, von, Freiherr, aus Hannover.
Gruben, Baron von, aus Regensburg.
Grün, Professor, aus Frankfurt.
Guaita, Dr. E. von, aus Frankfurt.
Güttlingen, Ad. Freiherr von, Ritterschaftl. Landtags-Abgeordneter, aus Stuttgart.
Güttlingen, Wilh., Freiherr von, aus Stuttgart.
Günderrode, Freiherr von, aus Frankfurt.
Guttenberg, von, Freiherr, aus Franken.
Haanen, früheres Mitglied der Abgeordneten, aus Cöln.
Haas, Hofrath, aus Darmstadt.
Habermann, N., aus Frankfurt.
Häberlin, Dr., aus Frankfurt.
Hahn, Carl, Stadtpfleger, aus Gemünd.
Hahn, aus Würzburg.
Hallwachs, Gr. Hess. Ministerial-Rath, aus Darmstadt.
Hamacher, G., Buchhändler, aus Frankfurt.
Hamel, J. G., Landgr. Hess. Bibliothekar, aus Homburg.
Hardegg, Georg David, aus Kirschenhardhof.
Harlebß, von, Oberconsistorial-Präsident, aus München.
Harthmuth, aus Budweis.
Haßmann, Dr. jur. Theod., Reichsrathsmitglied, aus Wien.
Hattemer, Mühlenbesitzer, aus Hattersheim.
Haus, Hauptmann, aus Frankfurt.
Haus, Dr., aus Frankfurt.
Heffner, Professor, aus Mainz.
Hehner, Dr., aus Frankfurt.
Heidenreich, Pfarrer, aus Griesheim.
Heinsmann, J., Kaufmann, aus Gemünd.
Heise, Oberjustizrath, aus Hannover.
Henco, Obergerichts-Rath, aus Mainz.
Henle, Dr., aus Frankfurt.
Herder, Buchhändler, aus Freiburg i. B.

Hermann, Dr. med., aus Aschaffenburg.
Hermann, F. C., Fabrikbesitzer, aus Reutte (Tyrol).
Herzog, Adolph, Dr. jur., aus Frankfurt.
Herzog, von, Oberfinanzrath u. K. Württemb. Zollvereins-bevollmächtigter, aus Darmstadt.
Hesse, von, Ober-Appell.-Gerichts-Präsident, aus Darmstadt.
Hesse, von, Hof-Gerichts-Rath, aus Darmstadt.
Heumann, C., Pfarrer, aus Dornheim.
Heydenreich, Dr, Medicinal-Rath, aus Oberursel.
Heydewolff, Baron von, aus Kurhessen.
Hirschberger, aus Nieder-Bayern.
Hirtl, Dr., Universitäts-Professor, aus München.
Hoechst, Abgeordneter der 1. Kammer, aus Obertiefenbach.
Hoerster, A., aus Frankfurt a. M.
Hoffmann, Baurath, aus Wiesbaden.
Hofmann, Christoph, aus Darmstadt.
Hofmann, Legations-Rath, aus Darmstadt.
Holleben, Baron von, aus Preußen.
Hoop, v. d., aus Jugenheim.
Hornstein-Binningen, Baron von, aus Baden.
Huhn, Dr., aus Frankfurt.
Hutten, von, Baron, aus Steinbach.
Huttler, Dr., Redacteur der Augsburger Postzeitung, aus Augsburg.
Jäger, Generalmajor, aus Hannover.
Jäger, Dr., Verleger der Pfälz. Zeitung, aus Speyer.
Janssen, Professor, aus Frankfurt.
Ingelheim, Graf von, aus Ingelheim.
Ingenheim, Phil. Graf von, aus Geisenheim.
Joist, Caspar, aus Bürgel.
Jügel, Franz, aus Frankfurt.
Jungenfeld, Freiherr von, Staatsprocurator, aus Mainz.
Jungenfeld, von, Reg.-Rath, aus Darmstadt.
Junghanns, Advocat, aus Bühl.
Junk, Pfarrer, aus dem Herz. Nassau.
Kageneck, Graf Max. von, aus Freiburg i. B.
Kageneck, Graf, Heinrich, Oesterreich. Kämmerer, aus Mannheim.
Kageneck, Graf Heinrich von, aus Freiburg i. B.
Kahlert, Oberbürgermeister, aus Darmstadt.
Kapp, Hofrath, aus Heidelberg.
Kaltrein, Landrichter, aus Darmstadt.
Kayser, Dr., aus Diburg.
Keller, Dr., aus Speyer.
Keller, Heinrich, Buchhändler, aus Frankfurt.
Kerl, F., aus Hannover.
Kerstorf, Hofrath Dr. von, aus Augsburg.
Keubel, von, aus Kurhessen.
Kehl, aus Rothenburg.
Kig, Ferd., aus Frankfurt.
Kirschbaum, Dr., aus Frankfurt.
Klendgen, aus Carlsruhe.
Klinggraf, Baron von, aus Mecklenburg.
Klopp, Dr. O., aus Hannover.
Knorr, Angelo, aus München.
Knorr, Oberappellations-Gerichts-Rath, aus Darmstadt.
Knhu, Dr., Präsident des Obergerichts der Provinz Rheinhessen, aus Mainz.
Köhler, Dr., Kreisphysicus, aus Offenbach.
Kolb, Oberpostamts-Secretär, aus Frankfurt.
Kopp, Joh., aus Bürgel.
Kopp, von, Obristlieut. a. D., aus Darmstadt.
Kraft, Dr., Hofgerichts-Rath, aus Giessen.
Kraus, W., Dr. med., aus Bensheim.

Kraus, aus Nassau.
Krebs-Schmitt, C., aus Frankfurt.
Kritzler, Geh. Rath, aus Darmstadt.
Krug, Hofgerichts-Präsident, aus Darmstadt.
Kuenzer, Fabrikant, aus Freiburg i. B.
Kuhn, Professor, aus Tübingen.
Kuhn, Advocat-Anwalt, aus Landau.
Kuntel, Rector, aus Frankfurt.
Künsberg von Gutenthau, Baron, aus Bayern.
Künsberg-Mandel, von, Baron, aus Bamberg.
Künsberg-Mandel, Ph. Freiherr von, aus Bamberg.
Künzel, Dr, Hofrath, aus Darmstadt.
Lachner, Kapellmeister, aus Frankfurt.
Ladenburg, Jul., aus Frankfurt.
Langenberger, Franz, aus Frankfurt.
Langwerth von Simmern, Freiherr, Gutsbesitzer aus Hannover.
Lax, Aug., Buchhändler, aus Hildesheim.
Lenl, Ritter von, aus Zandt.
Lenning, Dombechant, aus Mainz.
Lenthe, von, aus Hannover.
Lerchenfeld, Baron von, aus München.
Levy, Dr., aus Hamburg.
Lichthammer, Fr., aus Darmstadt.
Lichtenstein, Pfarrer, Dr., Abgeordneter, aus Altdorf-Weingarten.
Lindau, J. J., Kaufmann, aus Heidelberg.
Linde, Freiherr von, Priester, aus Frankfurt a. M.
Link, Pfarrer, Abgeordneter der II. Kammer, aus Berod.
Löbenstern, Dr., Obergerichts-Procurator, aus Hanau.
Löning, Dr., aus Frankfurt.
Lörer, Kaufmann, aus Darmstadt.
Löw, Baron von, aus Bayern.
Loew, Eug., Advocat-Anwalt, aus Zweibrücken.
Loew, Staats-Procurator, aus Kaiserslautern.
Longard, Hubert, Kaufmann, aus Coblenz.
Longard, Leou., Advocat-Anwalt, aus Coblenz.
Lorenz, Professor, aus Wien.
Lossen, Bauinspector, aus Wiesbaden.
Lossen, Mathias, Hüttenbesitzer, aus Nassau.
Lobbed, Baron von, aus Lahr.
Mack, Professor Dr., Mitglied der Kammer, aus Stuttgart.
Mahla, Kgl. Bayr. Rath, Gutsbesitzer, aus Landau.
Malapert, von, Oberlieutenant, aus Frankfurt.
Malapert, von, Ph., aus Frankfurt.
Marlow, Salzmagazinverwalter, aus Darmstadt.
Marschall, Baron von, aus Carlsruhe.
Matti, Dr., aus Frankfurt.
Matti, Dr., jun., aus Frankfurt.
Maus, Oberlehrer, aus Frankfurt.
Maurer, Dr., Obristlieutenant, aus Darmstadt.
Maurer, Geh.-Rath, aus Darmstadt.
Maus, Pfarrer, aus Großzimmern.
Mayer, J. B., Kaufmann, aus Gemünd.
Mayer, aus Würzburg.
Merck, Freiherr von, Consul, aus Hamburg.
Mehßenbug, von, Freiherr, Staatsminister a. D., aus Carlsruhe.
Michelis, Pfarrer, Dr., aus Münster.
Milani-Minoprio, aus Frankfurt.
Milchling, Baron von, aus Kurhessen.
Militzer, Rechtsanwalt, aus Hof.
Mohl, Moritz, Abgeordneter, aus Stuttgart.
Moldenhauer, aus Aschaffenburg.

Molitor, Bezirksrichter, aus Zweibrücken.
Molitor, Bezirks-Gerichts-Rath, aus Alzey.
Monfang, Christ., Domkapitular, aus Mainz.
Müller, Heinrich, Kunsthändler, aus Würzburg.
Müller, Kilian, Abgeordneter, aus Frohnhofen.
Mühry, Dr. A., Sanitätsrath, aus Göttingen.
Nentwig, Secretär, aus Frankfurt.
Nestle, Rich., aus Frankfurt.
Netschert, M. J., Abgeordneter, aus Gemünden.
Neuffer, W., aus Regensburg.
Neumann, von, Kammeralproct., aus Carlsruhe.
Ribur, Rechtsanwalt, aus Oldenburg.
Nickel, Anton, Abgeordneter und Landrichter, aus Speyer.
Riedermayer, Kaplan, aus Frankfurt.
Rischmitzer, Dom., Reichsrathmitglied, aus Kärnthen.
Nößling, Christ., Abgeordneter, aus Groß-Ostheim.
Röthing, Christ., aus Groß-Ostheim.
Rorded zur Rabenau, W. von, aus Darmstadt.
Obermüller, W., aus Cassel.
Oberndorf, Graf von, aus Regensburg.
Oldershausen, Baron von, aus Oldershausen.
Oldershausen, Fr. Freiherr von, aus Förste (Osterode).
Ott, J. R., aus Frankfurt.
Paldamus, J., Director der höheren Bürgerschule, aus Frankfurt.
Passavant, J., aus Frankfurt.
Pauer, Adolf, aus Augsburg.
Pechmann, Freiherr von, Abgeordneter, aus München.
Perglas, General von, aus Darmstadt.
Petermann, Dr., aus Dresden.
Pfaff, Andreas, Abgeordneter, aus Hammelburg.
Pfeiffer, aus Darmstadt.
Pfetten, Freiherr von, aus Rampsau.
Podwitz, A. L., Commerzien-Commissär, aus Hannover.
Pöhn, Hofapotheker, aus Darmstadt.
Pölnitz, Fr. Freiherr von, Rittergutsbesitzer, aus Bamberg.
Prager, E., Journalist, aus München.
Prestinari, Hofgerichts-Präsident, aus Constanz.
Prieger, Carl, Ingenieur, aus Creuznach.
Purgold, Stiftungs-Anwalt, aus Darmstadt.
Reay, Dr., aus Giessen.
Redwitz, Carl, Freiherr von, aus Metzenhof in Bayern.
Redwitz, von, Baron, Oscar, aus München.
Regenauer, Dr., Badischer Finanzminister a. D., aus Carlsruhe.
Reischach, H., Baron von, aus Frankfurt.
Reißert, Postsecretär, aus Frankfurt.
Reigenstein, von, aus Carlsruhe.
Remlein, Fried., jun., Kaufmann, aus Mainz.
Ricou, Eman. Freiherr von, aus Darmstadt.
Riederer, Carl, Kaufm. u. Magistratsrath aus München.
Riese von Stallburg, Baron, aus Prag.
Rössing, Freiherr von, Schatzrath, aus Hannover.
Rosenauer, aus Ludweis.
Rotenhan, Dr. Jul. Freiherr von, Reg.-Director, Abgeordneter, aus Eyrichshof.
Roth, Joh. Dan., aus Frankfurt.
Roth, Zach. Cas., aus Frankfurt.
Ruhwandl, M. J., Advocat, aus München.
Ruf, aus Nierersheim (Württemberg).
Sander, Ludwig, aus Augsburg.
Sauer, Magistratsrath, aus München.
Sattler, E., Dr., aus Frankfurt.
Sautier, Constant, aus Freiburg i. B.

Schaby, Hofrath, Dr. jur., aus Frankfurt.
Schäffle, Professor, aus Tübingen.
Scheppler, Privatier, aus Aschaffenburg.
Scheurl, Dr. Professor, aus Erlangen.
Schleich, Bürgermeister, Abgeordneter der II. Kammer, aus Flörsheim a. M.
Schleich, Martin, Redacteur des Punsch, aus München.
Schmidt, aus Darmstadt.
Schmidsfeld, Alb. von, Abgeordneter, aus Schmidtfelden.
Schmitt, Aloys, Dr., aus Frankfurt.
Schmitt, G. A., aus Frankfurt.
Schneider, Professor, aus Mainz.
Schneider, Kaufmann und Magistratsrath, aus München.
Schöchlin, aus Carlsruhe.
Schöbbler, F., Dr., Großherzoglicher Realschuldirector, aus Mainz.
Schöne, L., aus Hildesheim.
Schollmeyer, Bürgermeister, aus Kostheim.
Schreiber, Franz, aus Mainz.
Schretyer, Magistratsrath, aus München.
Schröder, Oberschulrath, aus Schwerin.
Schulz, J., Professor, aus Weilburg.
Schulz, Baron von, aus Berlin.
Schuster, Stadtschultheiß, aus Ulm.
Schwab, Adam, aus Bürgstadt.
Schwarztoppen, von, Freiherr, aus Weinheim.
Schwent, Ed., Kaufmann, aus Ulm.
Seidl, Franz Jos., Postcassier, aus München.
Seiler, aus Sachsen.
Siebert, Jac. Ch., aus Hadamar.
Siebert, Joseph, aus Hadamar.
Sillgmüller, F. A., aus Würzburg.
Simon, Carl Herm., Advocat, aus Leipzig.
Sintzenich, Ferd., aus Frankfurt.
Soist, von, Dr. med., aus Ehrenbreitstein.
Solms-Laubach, Otto, Graf zu Laubach.
Sommaruga, Baron, aus Wien.
Speyerer, Jac. Wilh., aus Heidelberg.
Stähler, Pfarrer, Abgeordneter der II. Hess. Kammer, aus Sindlingen.
Stahl.
Stahel, B. J., Buch- und Kunsthändler, aus Würzburg.
Stard, von, Freiherr, aus Offenbach.
Stard, von, Oberconsistorial-Präsident, aus Darmstadt.
Steiger, von, E., aus Frankfurt.
Stein, von, Freiherr, aus Darmstadt.
Steinle, Ed., Professor, aus Frankfurt.
Steinsdorf, von, Bürgermeister, aus München.
Stieger, Joh., Dr., Reichsrathmitglied, aus Kärnthen.
Stiz, Fabrikant, aus Eßlingen.
Stoyingen, von, Reichsfreiherr, aus Steislingen.
Strahlenheim, von, Baron, aus Hannover.
Streiter, Dr. Jos. Prgt., aus Bozen.
Strewe, Dr. med., aus Wetzlar.
Strupp, J., Rechtsanwalt, aus Hildburghausen.
Teidlein, Privatier, aus München.
Thann, Laurath, aus München.
Thiffen, Monsignor, ehemaliger Abgeordneter für Preußen, aus Frankfurt.
Thümmler-Sella, Freiherr von, aus Sachsen.
Thüngen, Baron von, aus Gleißenbach.
Thüngen, Baron von, aus Roßbach.
Tinti, von, Baron, aus Wien.
Tomaschel, Dr., aus Wien.

Trapp, Justizrath, aus Giessen.
Trapp, von, Reg.-Rath, Mitgl. b. I. Kammer, aus Wiesbaden.
Trott, Bobo von, aus Imshausen bei Bebra.
Trott, Otto, Baron, aus Solz.
Uhl, Dr., Herausgeber des Volksblatts, aus Stuttgart.
Uhler, Obergerichts-Rath, aus Mainz.
Ullmann, Schriftsteller, aus Frankfurt.
Ulrichs, Königl. Hannoverscher Assessor a. D., aus Aurich, b. Z. in Frankfurt.
Uria, Freiherr von, aus Carlsruhe.
Utermöhle, Hof-Wagenfabrikant, aus Hildesheim.
Barnbüler, von, Baron, aus Stuttgart.
Bayhinger, Obersteuerrath, aus Stuttgart.
Bering, Dr., aus Heidelberg.
Bogel, Dr., Hofgerichts-Advocat, aus Darmstadt.
Bolk, Fr. Thomas, aus Türkheim bei Kaufbeuern.
Bolz, Architekt, aus Carlsruhe.
Waagen, C., Königl. Preußischer Rath.
Waenker, Dr., Hofgerichts-Advocat, aus Freiburg.
Wagner, Gottfried, aus Frankfurt.
Waitz von Eschen, Freiherr, aus Cassel.
Waldersdorff, Rich. Graf von, aus Nassau.
Waldersdorff, Ed. Graf von, Kämmerer und Rittmeister, aus Lorch am Rhein.
Waldersdorff, Graf von, aus Wiesbaden.
Walter, Ruppert, Fabrikant, aus Gmünd.
Walter, aus Würzburg.
Warthorst, aus Darmstadt.
Wedemeyer, Oberappellationsrath, aus Elbayssen.
Wedewer, Professor, aus Frankfurt.
Wehling, Heinrich, aus Hannover.
Weiler, J., aus Darmstadt.
Weinmann, Carl, Abgeordneter, aus Erlangen.
Weis, Dr., Ministerialrath, aus München.
Weiß, Polizeicommissär, aus Speyer.
Weld, Hein. Freiherr von, aus Schloß Riesa (Sachsen).
Weld, C. R., Freiherr von, Mitglied der I. Sächsischen Kammer, auf Riesa.

Wendt, Baron von, aus Schellenstein in Westphalen.
Werle, Stiftungs-Anwalt, aus Darmstadt.
Werle, J., Posthalter, aus Hattersheim.
Werle, M., jun., aus Mainz.
Werren, Generalauditeur, aus Wiesbaden.
Westphalen, Reichsgraf von, aus Münster.
Wiedenhofer, Advocat, aus Neustadt.
Wiener, Consul, aus Darmstadt.
Wieser, Caplan, aus Heidelberg.
Wilbauer, Professor, aus Innsbruck.
Williard, Architect, aus Carlsruhe.
Willich, Freiherr von, Provinz.-Director, aus Darmstadt.
Wippern, Regierungsrath, aus Hannover.
Wirth, Amtmann, Abgeordneter der II. Kammer, aus Hadamar.
Wirth, Landrichter, aus Langen.
Witte, Obergerichts-Rath, aus Hannover.
Wißleben, von, aus Leipzig.
Wohlwendt, Fidel Marcus, Reichsrathmitglied, aus Vorarlberg.
Wolf, aus Frankenthal.
Wrede, von, Landrath, aus Hannover.
Wydenbrugk, von, Staatsrath, aus München.
Zehmen, von, aus Sachsen.
Zell, Geheim. Rath, aus Freiburg i. B.
Zeller, Dr., gr. hess. Regierungsrath, aus Darmstadt.
Zentgraf, Oberappellations-Gerichtsrath, aus Darmstadt.
Zeppelin-Aschhausen, Graf von, Abgeordneter der II. Kammer, aus Württemberg.
Zerhog, aus Bayreuth.
Zimmermann, Hofgerichtsrath, aus Darmstadt.
Zimmermann, Prälat, aus Darmstadt.
Zimmern, Adolph, aus Heidelberg.
Zobel, Baron, aus Würzburg.
Zott, Gutsbesitzer, aus Homburg.
Zwach, W. von, aus Heidelberg.
Zweifell, Herm., Rentier, aus Coblenz.

II.

Stenographischer Bericht

über die

Verhandlungen der großdeutschen Versammlung zu Frankfurt a. M.

Erste Sitzung am 28. October 1862.

Senator **Bernus** aus Frankfurt a. M. eröffnet die Versammlung mit folgender Ansprache:

Meine Herren! Die Männer, von denen der Gedanke einer großdeutschen Versammlung, oder eine Versammlung großdeutsch Gesinnter in Frankfurt ausgegangen ist, und diejenigen Herren, die sich diesem Gedanken angeschlossen und zur heutigen Versammlung eingeladen haben, haben mich beauftragt, die Versammlung zu eröffnen und Sie in ihrem Namen zu begrüßen. Ich verdanke diese Auszeichnung wohl blos dem Umstande, daß ich Frankfurter bin.

Ich heiße Sie von Herzen willkommen im Namen der Einladenden und als Frankfurter. Ich danke Ihnen recht innig, daß Sie sich so zahlreich hier versammelt haben, aus allen deutschen Gebieten und aus allen Lebensstellungen.

Meine Herren! Wenn wir bei unsern Verhandlungen mit besonnenem Ernst an dem anknüpfen, was uns geboten ist, wenn wir dasselbe als einen entwickelungsfähigen Anfangspunkt betrachten, und vorerst nur nach dem baldigst möglich Erreichbaren streben, wenn, wie verschieden auch unsere Ansichten im Einzelnen sein mögen, und möchten sie noch so weit auseinander gehen, dem Vaterlande ein Bild gegenseitigen Verständnisses und Entgegenkommens geben: dann, meine Herren, liefern wir den Beweis wie lebhaft das Gefühl in uns ist, daß wir ernst und fest zusammenhalten, dann liefern wir den Beweis, daß in uns das Bewußtsein klar ist, der Zusammengehörigkeit Aller in Rechten und Pflichten, dann, meine Herren, werden diese Verhandlungen vielleicht nicht zu unmittelbaren Thaten führen; allein, ich bin fest überzeugt, segensreiche unverkennbare Spuren derselben werden nicht ausbleiben; dazu, meine Herren, gebe Gott seinen Segen. (Bravo.)

Ueber die Anordnungen hätte ich Ihnen eigentlich Rechenschaft abzulegen. Ihre Gegenwart rechtfertigt zugleich die Anordnungen, die wir getroffen haben, und es wird wohl nicht nöthig sein, ein weiteres Wort darüber zu sagen. Ehe ich diesen Platz Händen übergebe, die gewandter und erfahrener sind, wie ich es bin in Leitung parlamentarischer Verhandlungen, erübrigt mir nur noch, Ihnen Namens der Einladenden den Entwurf einer Geschäftsordnung vorzulegen, über die wir uns verständigt haben, von der Ansicht ausgehend, daß dadurch vielleicht Zeit für wirkliche Verhandlungen erspart werde. Dieser Antrag ist in vielen Exemplaren vertheilt, schon in Händen vieler der geehrten Herren. Ich erlaube mir, denselben zur allgemeinen Kenntniß vorzutragen.

Entwurf einer Geschäfts-Ordnung.

§. 1.

Die Versammlung besteht aus Denjenigen, welche auf Grund der Einladung vom 14. October ihren Beitritt zu derselben erklärt haben.

§. 2.

Nur gegen Vorzeigung der Legitimationskarten wird der Eintritt in die Versammlung gestattet.

§. 3.

Die Verhandlungen derselben sind öffentlich.

§. 4.

Die Versammlung wählt ihren ersten Präsidenten, dieser den zweiten und dritten und die Schriftführer.

§. 5.

Der Präsident leitet die Versammlung und hält die Ordnung in derselben aufrecht; er bestimmt die Tagesordnung und setzt die Fragenstellung fest.

§. 6.

Dem Präsidenten bleibt überlassen, die Form der Abstimmung zu wählen.

§. 7.

Findet die von dem Präsidenten bestimmte Fragenstellung Anstand von Seiten der Versammlung, so wird dieselbe von den drei Präsidenten und den Schriftführern endgültig festgestellt.

§. 8.

Wenn der Präsident sich an der Berathung betheiligen will, so hat er den Präsidentenstuhl zu verlassen und die Leitung einem seiner Stellvertreter zu übertragen.

§. 9.

Die Redeordnung bestimmt sich nach der Zeit der Anmeldung zum Worte; diese kann nicht vor der zum Beginne der Sitzung anberaumten Zeit erfolgen.

§. 10.

Werden über den Gegenstand der Berathung entgegengesetzte Ansichten vertreten, so ist je ein Redner für und ein Redner gegen aufzurufen.

§. 11.

Jedem Mitgliede steht es zu, Anträge in der Versammlung zu stellen. Sie sind dem Präsidium schriftlich zu übergeben und dieses bestimmt die Reihenfolge ihrer Berathung.

§. 12.

Anträge, welche nicht von mindestens 30 Mitgliedern unterstützt sind, unterliegen der Berathung nicht.

§. 13.

Wenn 30 Mitglieder den Schluß der Berathung beantragen, so ist dieser Antrag zur Abstimmung zu bringen.

§. 14.

Kein Redner soll über 10 Minuten sprechen, wofern die Versammlung die Redezeit nicht verlängert. Nur freie Vorträge sind gestattet.

Meine Herren! Es gibt zwei Wege, und über die Geschäftsordnung zu verständigen: daß wir diesen Entwurf ohne weitere Discussion annehmen, oder daß wir ihn besprechen, und zwar Punkt für Punkt. Ich glaube, daß wenn die große Mehrheit der Versammlung sich für die Annahme des Geschäftsentwurfs anspricht, es unnöthig sein wird, zu dem zweiten Wege zu schreiten. Ich schlage daher der geehrten Versammlung vor, in erster Linie darüber abzustimmen, ob der Entwurf der Geschäftsordnung ohne weitere Discussion angenommen werden soll oder nicht.

Sind die Herren einverstanden, so ersuche ich Diejenigen, die für den Entwurf der Geschäftsordnung stimmen sich zu erheben. (Fast die ganze Versammlung erhebt sich.)

Meine Herren! Der Entwurf der Geschäftsordnung ist angenommen, und damit bis auf einen sehr wichtigen Punkt das Formelle unserer Berathung geschlossen. Es handelt sich um die Wahl eines Vorsitzenden. Wir gehen sehr ernsten und vielleicht auch sehr schwierigen Verhandlungen entgegen, wenngleich ich hoffen kann, daß sie im versöhnlichen Sinne von Altersseit geführt werden. Es bedarf daher eines im parlamentarischen Leben kundigen, erfahrenen und erprobten Mannes. Außerdem sind wir zusammengetreten zum Werke der Versöhnung. Ich glaube, es ist gewiß geeignet, wenn Sie an die Spitze der Versammlung als Vorsitzenden einen Mann aus dem Volksstamme stellen, der am meisten geeignet ist, eine Versöhnung zu bewirken. Ich erlaube mir daher, ich hoffe, Sie werden es mir nicht verübeln, Ihnen einen Mann vorzuschlagen, der alle diese Eigenschaften in hohem Maße in sich vereinigt. Ich erlaube mir, als Vorsitzenden Herrn Dr. Weis aus München, den zweiten Präsidenten der bayerischen Kammer, vorzuschlagen. (Bravo!)

Meine Herren! Da Sie, wie es scheint, einstimmig mit meinem Vorschlage einverstanden sind, so ersuche ich die geehrte Versammlung, über meinen Vorschlag abzustimmen. Ich glaube die Abstimmung nur durch Aufstehen und Sitzenbleiben vorschlagen zu sollen. (Die Abstimmung erfolgt mit Einstimmigkeit.)

Ich ersuche Herrn Dr. Weis sich herauf zu bemühen und die Leitung der Geschäfte zu übernehmen.

Dr. Weis (den Vorsitz übernehmend): Hochverehrte Versammlung! Ich danke Ihnen für das Vertrauen, das Sie mir geschenkt haben, ich danke Ihnen dafür im Namen Bayerns, denn darüber bin ich nicht im Zweifel, daß Sie durch meine Wahl nicht sowohl meiner Person, als vielmehr dem Lande, dem ich angehöre, einen Beweis Ihrer Anerkennung und Achtung geben wollten. Ich bin mir der Größe der Aufgabe, die Sie mir übertragen haben, vollständig bewußt. So weit es sich um den guten Willen handelt, wird es bei mir nicht fehlen, allein mein Wille

allein reicht nicht aus; ich muß Sie recht dringend bitten, mit Ihrer freundlichen Unterstützung während der Berathung zu gewähren. Ich kann übrigens nicht unterlassen, bei dieser Gelegenheit mein tiefstes Bedauern darüber auszusprechen, daß es Ihnen nicht möglich gewesen ist, denjenigen Mann, der vor allen Andern, mehr als irgend ein Anderer verdiente, hier an dieser Stelle zu sitzen, zu der Stelle eines Vorsitzenden zu berufen, den Mann, der sich schon so viele und große Verdienste um das Vaterland erworben, dessen Name den besten Klang in allen deutschen Gauen, und der sich wieder um die heutige Versammlung neuerdings so große Verdienste erworben hat. Herr Graf und Herr Graf von Degenberg-Dur ist selber durch traurige Familien-Verhältnisse abgehalten, der heutigen Versammlung, die eigentlich sein Werk ist, beizuwohnen. Indem ich das Bedauern darüber, daß wir ihn nicht in unserer Mitte sehen, an dieser Stelle ausspreche, glaube ich im Sinne der ganzen Versammlung zu handeln. Ich will nun, um keine Zeit durch Formalien zu verlieren, sofort nach der Geschäftsordnung das Bureau bilden, damit wir hierauf sogleich in die Berathung eintreten. Nach der Geschäftsordnung steht dem ersten Präsidenten die Befugniß zu, die beiden Vicepräsidenten und die Schriftführer zu bezeichnen. Ich lade in Folge dessen Herrn Obergerichtsrath Witte aus Hannover und Herrn Freiherrn v. Barnbüler aus Württemberg ein, die Stellen als Vicepräsidenten zu übernehmen. Ich setze voraus, daß die Herren sich hierzu bereit finden werden. Als Schriftführer erachte ich die Zahl von sechs einerseits für nöthig, andrerseits für hinreichend. Ich erlaube mir hierzu folgende Persönlichkeiten zu bezeichnen:

Herrn Professor Brinz aus Oesterreich,
Herrn Staatsrath von Wydenbrugk aus Weimar, gegenwärtig in München,
Herrn Frommann aus Jena,
Herrn Dahmen aus Carlsruhe,
Herrn Passavant aus Frankfurt und
Herrn Hirschberger aus Bayern.

Ich ersuche die Herren, ihre Plätze einzunehmen. Vorläufig habe ich die Herren darauf aufmerksam zu machen, daß Herr Professor Ahrens aus Sachsen, der die Einladung mit unterzeichnete, in einem an Herrn Graf Degenberg gerichteten Schreiben angezeigt hat, daß er verhindert sei, der Versammlung beizuwohnen.

Ein weiteres an das Präsidium der großdeutschen Versammlung gerichtetes Schreiben ist in einer Anzahl gedruckter Exemplare eingelaufen und unter die Herren vertheilt worden. Es ist von Herrn Dr. Wuttke in Leipzig. Ich glaube nicht, dieses Schreiben nebst Beilage vorlesen zu sollen, da es sich in Ihren Händen befindet.

In Beziehung auf den Gegenstand selbst, auf den wir jetzt übergehen, liegt ein Antrag vor, welcher ebenfalls gedruckt und unter Sie vertheilt wurde. Es ist als ein von mir und Genossen ausgehender Antrag überschrieben; allein wie Sie an den beigedruckten Unterschriften sehen, von einer großen Anzahl von Personen gemeinschaftlich gestellt. Ich erlaube mir Ihnen sogleich zu bemerken, daß die eigentliche Einbringung in die Versammlung und die Vertretung Herr Baron von Lerchenfeld übernommen hat, so daß dieser als der Antragsteller bei der Berathung anzusehen ist. Was nun die Art und Weise der Behandlung dieses Antrages betrifft, so ist es zwar Sitte, die Discussion in eine allgemeine und specielle zu scheiden. Ich glaube jedoch nicht, meine Herren, daß in dem gegebenen Falle eine solche Scheidung zweckmäßig ist, dieselbe würde nach meiner Ansich nur zu Wiederholungen führen, die uns, ohne der Sache selbst zu nützen, nur aufhalten würden. Die einzelnen Sätze hängen innig zusammen, denn es handelt sich ja eigentlich nur um eine einzige Frage, um die Frage der Bundesreform, so daß man unmöglich über eine Position sprechen kann, ohne die andern gleichzeitig zu berühren. Ich möchte Ihnen deshalb vorschlagen, die Discussion sogleich über den ganzen Antrag zu eröffnen, eine Scheidung in eine allgemeine und eine specielle Discussion nicht eintreten zu lassen, und an die die 8 Positionen umfassende Discussion sofort die Abstimmung zu knüpfen. Es fragt sich nun, ob von keiner Seite gegen diese Art der Behandlung eine Erinnerung gemacht wird.

Es wird keine Erinnerung gemacht und ich kann unter diesen Umständen die Zustimmung der hohen Versammlung zu meinem Vorschlage annehmen.

Was die Berathung im Allgemeinen betrifft, so werden Sie sich schon überzeugt haben, daß es bei der Größe der Versammlung und bei der Größe des Saales nicht möglich ist, sich beim Sprechen vom Platze aus verständlich zu machen; ich muß deswegen schon die Herren, welche das Wort ergreifen wollen, ersuchen, die Rednerbühne zu betreten. Bei dem Secretariat ist eine Liste aufgelegt, wo die Namen eingetragen werden und ich bitte die Herren, welche sich zum Worte melden, dem Herrn Secretär Frommann ihre Namen anzugeben.

Der Antrag, der gestellt ist, lautet:

Antrag von Dr. Weiß und Genossen.

1) Die Reform der Verfassung des deutschen Bundes ist ein dringendes und unabweisliches Bedürfniß, sowohl um die Machtstellung nach Außen, als die Wohlfahrt und bürgerliche Freiheit im Innern kräftiger als bisher zu fördern.

2) Diese Reform muß allen deutschen Staaten das Verbleiben in der vollen Gemeinsamkeit möglich erhalten.

3) Sie findet ihren Abschluß nur in der Schaffung einer kräftigen Bundes-Executiv-Gewalt mit einer nationalen Vertretung

4) Als die nach den bestehenden Verhältnissen allein mögliche Form einer Bundes-Executiv-Gewalt stellt sich eine concentrirte collegiale Executive mit richtiger Ausmeßung des Stimmenverhältnisses dar.

5) Als ein erster Schritt zur Schaffung einer nationalen Vertretung ist die von acht Regierungen beantragte Delegirten-Versammlung anzuerkennen. Hierbei wird vorausgesetzt, daß die Regierungen keine Zeit verlieren, jene Versammlung zu einer periodisch wiederkehrenden Vertretung am Bunde mit erweiterter Competenz zu gestalten.

6) Um ihr die nöthige moralische Geltung zu sichern, ist eine größere Zahl von Mitgliedern erforderlich. Der Gesetzgebung der einzelnen Staaten ist die Art und Weise der Wahl zu überlassen, jedoch die Wählbarkeit nicht auf die Mitglieder der einzelnen Landesvertretungen zu beschränken.

7) Die Reform ist nur auf der Grundlage der bestehenden Bundesverfassung durch Vereinbarung herbeizuführen.

8) Wenngleich ein Bundesgericht, dessen Unabhängigkeit gesichert ist, als eine Einrichtung von wesentlichstem Nutzen sich darstellt, so erscheint doch der neueste in dieser Beziehung gemachte Vorschlag nicht zweckgemäß.

Dr. Weis. — Witte. — von Barnbüler. — Hirschberger. — Wierdenhofer. — Pfetten. — v. Deml. — Baron von Redwitz. — Giell. — Neuffer. — von Christmar. — von Riese-Stallburg. — von Steinsdorf. — von Fritsch. — Haßmann. — von Wydenbrugk. — Schall. — Dr. Großmann. — Weinmann. — G. Danlert. — von Butler. — E. Prager. — A. Zimmern. — Julius Fröbel. — Dr. Löbenstern. — von Harlek. — Jäger. — von Bertlingern. — Streideß. — C. Görtz. — von Logbed. — Dr. Adam. — G. Ernst. — Böhmer. — H. Deeters. — von Kerndorf. — von Rössing. — Dr. Heule. — C. Wedemeyer. — Weppern. — Jund. — Kroschauer. — Streiter. — Wohlrenb. — Nischwitzer. — Seibel. — Rosenauer. — Berund. — Dr. Bärens. — Dr. C. Baber. — Wilh. Obermüller. — von Lerchenfeld. — Dr. Scheurl. — Maurer. — Brinz. — von Degenfeld. — C. Waagen. — C. Hardtmuth. — Dr. Stieger. — Wildauer. f. §. 1—7. — Dr. Tomasched. — von Göttlingen. — O. von Redwitz. — von Merck. — G. Berna.

Ich ersuche nun den Herrn Baron v. Lerchenfeld zur Begründung dieses Antrags das Wort zu nehmen.

Freiherr von Lerchenfeld: Meine Herren! Wenn ich hier das Wort ergreife, so geschieht es mit dem Bewußtsein der Schwierigkeit der Aufgabe sowohl, als der Unzureichendheit meiner Kräfte zu deren Lösung, und nur der Wunsch, der Erfüllung derselben möglichst zu erleichtern, hat mich die Bedenken überwinden lassen, die außerdem mich zurückgehalten haben würden, mich an eine Stelle zu drängen, zu der ich so wenig befähigt bin. Allein, meine Herren, es war der Wunsch einer Reihe meiner Freunde, welche den Antrag, der Ihnen vorliegt, gleichzeitig unterzeichneten, daß ich die Vertretung derselben übernehme. Und so habe ich mich dem Wunsche gefügt.

Meine Herren! Die Gedanken, welche diesem Antrage zu Grunde liegen, sind so einfach, daß sie sich Ihnen bei Verlesung schon klar dargelegt haben. Wir sind davon ausgegangen, meine Herren, daß wir an der Gesammtheit Deutschlands festhalten müßten, daß das ganze Deutschland zusammen bleiben muß und zusammen bleiben soll, weil eben nur das ganz Deutschland der Aufgabe gewachsen ist, welche ihm in der Weltgeschichte gestellt ist, weil ein halbes Deutschland dafür nicht genügt und weil wir kein Recht haben, Diejenigen, mit welchen uns die gleiche Abstammung, die gleiche Geschichte zu Brüdern gegeben hat, aus unserm Kreise auszuschließen, um uns dadurch vielleicht, wie manche glauben, unsere Aufgabe zu erleichtern. Meine Herren, die Aufgabe, die Deutschland gestellt ist, ist keine so leichte, seine Lage ist von der Art, daß es größerer Kräfte bedarf, als irgend ein anderer Staat, ein anderes Volk in Europa. In die Mitte gestellt zwischen Stämme, die in viel größeres Bedürfniß der Centralisation, der Unterordnung unter die leitende Gewalt fühlen, als das im deutschen Charakter liegt, in die Mitte gestellt, auf diese Weise zwischen Stämme, die zur Action, zum Angriff in ganz anderer Weise befähigt sind, als das deutsche Volk mit seiner hohen Achtung vor dem Individualismus von dem Stamme an bis zu dem einzelnen Menschen herab. — sind wir genöthigt, weil mehr Kräfte aufzubieten, um unserer Aufgabe zu entsprechen, als dies bei denjenigen der Fall ist, die geographisch und durch ihre Stammeseigenthümlichkeit weit mehr gesichert sind als wir.

Meine Herren! Die Aufgabe, die dem deutschen Volke gesetzt ist, ist eine so große und eine so edle, daß selbst, wenn wir durch Verzicht auf einen Theil derselben, ihre Lösung erleichtern könnten, wir das niemals verantworten könnten. Die Aufgabe des deutschen Volkes ist nach meiner innigsten Ueberzeugung, die Freiheit und Bildung zu versöhnen, zu beweisen, daß ein Volk der Freiheit und der Bildung gleichzeitig fähig, beide auf die höchste Spitze zu erheben vermag; denn ich glaube, daß wir uns ohne Ueberhebung dessen rühmen dürfen, daß dazu kein Volk so sehr berufen, so sehr befähigt ist, als das deutsche. Meine Herren! Unsere Aufgabe ist in der neueren Zeit noch schwieriger geworden, namentlich hat sich die geographische Schwierigkeit wesentlich erhöht, seitdem wir halb im Süden noch überflügelt worden sind, nachdem wir schon längst im Westen eine breite Lücke in unseren Grenzen hatten. (Sehr wahr!) Meine Herren! Man kann vielleicht glauben, daß diese Aufgabe erleichtert würde, wenn man auf gewisse Theile, die vorzugsweise gefährdet seien, die vorzugsweise zu Angriffen Anlaß geben könnten, verzichtet. Meine Herren! Das scheint mir nicht nur Unrecht, sondern es ist auch irrig. Es ist unrichtig, meine Herren, deshalb, weil eine Aufgabe zu lösen schwierig ist, weil es vielleicht Zeit in Anspruch nehmen wird, deshalb dürfen wir Deutsche nun und nimmermehr darauf verzichten, mag auch die Schwierigkeit groß sein, mag auch Geduld in hohem Grade dazu erforderlich sein, dem Deutschen hat es niemals weder an Beharrlichkeit, noch an Muth, noch an Einsicht dafür gefehlt. Aber, meine Herren, ich bin von der Ueberzeugung durchdrungen, daß die Lösung unserer Aufgabe auch durch das von vielen Seiten in Aussicht gestellte Mittel einer Einigung sehr erschwert werden würde. Ist einmal der Riß durch Deutschland hindurch geführt, dann wird es unendlich lange dauern, wenn es überhaupt jemals möglich werden wird, ihn wieder zu heilen und nur eine lange Reihe von Unglücksfällen, vor denen uns Gott bewahren möge, würden im Stande sein, die klaffende Wunde zu schließen.

Meine Herren! ich halte aber auch diese Aufgabe gar nicht für unlösbar; ich glaube, daß man die Schwierigkeiten von vielen Seiten überschätzt, und ich glaube, daß man die Vortheile, die man auf diese Weise zu erlangen sucht, ebenfalls überschätzt.

Es ist naturgemäß, daß man dasjenige, was man nicht besitzt, viel höher anschlägt, als das was man hat: man genießt den Besitz und gibt sich keine Rechenschaft über seinen Werth, während man die Vortheile dessen, was man entbehrt, hoch und höher anschlägt, als sie in der That sind. Und das ist namentlich, meine Herren, der Fall mit jener Centralisirung, die jetzt so vielfältig gepriesen wird, von der man eine Reihe von Vortheilen sich verspricht, die vielleicht nicht, die jedenfalls wenigstens nach meiner Ueberzeugung nur auf Kosten von Gütern erworben werden können, die ganz gewiß mehr werth sind.

Meine Herren, sehen Sie doch hin nach jenen Staaten der vielgepriesenen Centralisation, und fragen Sie sich, ob Sie für den Preis der Zustände, wie sie sich dort in neuerer Zeit gestaltet haben, ob sie um den Preis der Aufopferung jener Institutionen und jener Sitten, die dem deutschen Volke durch eine zweitausendjährige Geschichte sich angebildet haben, und wozu wir die Keime gewiß schon von Anfang an mitgebracht haben, ob wir sie um diesen Preis

erkaufen wollen? Ich bin überzeugt, es wird jeder von uns der dies wohl überlegt, sich dagegen aussprechen. (Sehr wahr!)

Meine Herren! Die materiellen Interessen lassen sich ausgleichen, sobald man nur mit gutem Willen und Versöhnlichkeit sich entgegenkommen will (Bravo!); die geistigen Antipathien, meine Herren, sind nach meiner innigsten Ueberzeugung noch leichter auszugleichen, denn dazu bedarf es nur des guten Willens und der klaren Einsicht, daß die Güter, die man opfert, weit weniger werth sind als diejenigen, die man um den Preis jenes Verzichts zu erlangen bestrebt ist. (Bravo!)

Meine Herren! Deutschland ist schon mehr als einmal auf dem Punkt gestanden, wo der Riß durch die Mitte desselben drohte, und er ist bisher doch immer glücklich vermieden worden. Schon zur Zeit des Aussterbens der Karolinger und zur Zeit der Hohenstaufen glaubte Jedermann die Trennung unvermeidlich; von der Reformationszeit will ich gar nicht sprechen; als in späterer Zeit die Verfassung des deutschen Reichs immer mehr und mehr zusammensank, und die Angriffe der siegreichen französischen Nation den Bestand des Reichs zertrümmerten, da, zum Erstenmale, haben wir die traurigen Folgen des Aufgebens unserer Zusammengehörigkeit zu fühlen Gelegenheit gehabt: die Zeit von 1806 bis 1814 ist die Zeit der tiefsten Erniedrigung des deutschen Volkes gewesen und Gott Lob! diese Erniedrigung hat zu einem Aufschwung geführt, der Deutschland trotz aller Gebrechen seiner politischen Organisation zum Siege über den größten Tyrannen und zugleich den größten Feldherrn der Neuzeit geführt hat. (Stürmisches Bravo!)

Deshalb, meine Herren, glaube ich, daß wir mit Muth, mit Selbstverläugnung, mit Beharrlichkeit das Ziel erreichen werden, das wir als nothwendig erkennen.

Meine Herren! Ich bin nun ein schlichter Mann, der sich mit hohen Idealen nicht viel befaßt, und am wenigsten glaubt, daß sie in der Politik die wesentliche Grundlage des Handelns sein können; glauben Sie nicht, meine Herren, daß nicht auch ich meine Ideale im Herzen trage, allein ich glaube, wenn man die auch nicht aus dem Herzen verlieren darf, so muß man doch seinen Weg vorsichtig vor sich hin wählen, man muß auf den Boden sehen, auf dem man steht, denn wer nicht auf dem festen Ziele das Auge richtet, der wird selten oder nie den glücklichsten und besten Weg gehen; deshalb, meine Herren, habe ich von jeher geglaubt, daß in der Politik die Aufgabe die sei, aus den bestehenden Verhältnissen heraus auf dem Boden, der einmal gegeben ist, fortzuschreiten, zu versuchen, was von da aus zu unternehmen möglich ist. Unser Bundesverhältniß ist ein so vielfach besprochener und beklagter Gegenstand, daß es mir beinahe widerstrebt, darüber das Wort zu nehmen. Meine Herren! Ich war nie ein Lobredner des Bundesvertrags und noch weniger des Bundestags; ich habe auch in meiner Jugend für seine Beseitigung geschwärmt, ich habe in meinem Mannesalter, soviel ich nach meinen schwachen Kräften konnte, für die Befestigung gar mancher der Akte seiner Thätigkeit gekämpft; aber, meine Herren! seien wir auch hier ehrlich und billig, und bekennen wir was die Wahrheit ist.

Meine Herren! Nicht der Bundestag und auch nicht die Bundesverfassung sind an sehr vielem Schuld, was wir zu beklagen haben.

Meine Herren! Wenn eine Verfassung nicht mit gutem Willen von allen Seiten gehandhabt wird, wenn sie wie das so oft der Fall war, absichtlich lahm gelegt wird, denn kann auch die beste Verfassung nicht durchgreifen. (Sehr gut!)

Meine Herren! Ich will Niemanden anklagen, wir sind ja nicht dazu hier versammelt, wir wollen und hoffen den Weg der Versöhnung, den Weg der Einigung zu finden; aber, meine Herren, das läßt sich doch nicht läugnen, blicken Sie doch auf unser liebes Deutschland hin, wir haben jetzt doch, Dank dieser Verfassung, fünfzig Jahre des Friedens genossen, und Deutschland blüht in einem Wohlstande, wie er noch kaum je größer gewesen ist. Deßhalb, meine Herren, glaube ich auch, daß die Grundlagen, von welchen wir fortzuschreiten berufen sind, — stehen bleiben wollen wir nicht, — daß diese Grundlagen doch nicht gar so schlecht sind, und so glaube ich denn, Sie einladen zu sollen, besonnen, aber fortwährend fortzuschreiten. Der Mensch kann einmal nicht fliegen, er muß gehen, und um gehen zu können, meine Herren, muß man zuerst einen festen Boden haben; nur der, der steht, kann einen Schritt machen, und er kann den Schritt nur dann machen, wenn er wieder einen Punkt hat, auf den er seinen Fuß setzen kann. Dies, meine Herren, gilt nicht nur vom einzelnen Menschen, sondern das gilt auch von den Völkern, auch die Völker können nicht fliegen.

Meine Herren! Das ist es, was uns nach meiner Meinung von einer Reihe von Männern trennt, die eben einen Weg zu gehen für einzig zweckmäßig erachten, von dem ich glaube, daß er mit einem Sprunge anfängt über eine Kluft, deren Breite, wie ich überzeugt bin, unsere Kraft überschreitet, eine Kluft, die nur durch Ereignisse überschritten werden kann, deren traurige Folgen den Werth des erreichten Ziels selbst vielleicht überwiegen würde, deren Ueberschreitung aber so unendlich ungewiß ist, daß gewiß Niemand empfehlen wird, den Versuch zu machen, der möglicher Weise mit dem Sturz in den Abgrund schließen kann, der nach meiner Ueberzeugung nothwendig mit diesem Sturze schließen muß!

Meine Herren! Das ist der Grund, weßhalb wir und wohl Sie Alle es nicht für zweckmäßig halten, die Reichsverfassung als Grundlage unserer weiteren Thätigkeit, als Ziel unserer Bestrebungen, aufzustellen. Ganz davon abgesehen, daß gar manche ihrer Bestimmungen derart sind, daß wir Alle nicht mit denselben einverstanden sein können, frage ich Sie ganz einfach: wie sollte die Durchführung derselben möglich sein? Meine Herren! Die beiden Großstaaten in Deutschland werden sich nun- und nimmermehr, bei aller Verschuldlichkeit, bei allem guten Willen den Bestimmungen unterwerfen, die diese Verfassung voraussetzt; wenn dies aber nicht der Fall ist, dann frage ich Sie, wie sollen wir ohne eine Centralgewalt zu einem Parlament kommen? Und wenn das selbst möglich wäre, wohin sollte die bloße Zusammenberufung eines Parlaments, so lange sich die beiden Großstaaten von demselben fern halten, führen?

Meine Herren! Ich weiß wohl, es gibt viele Leute, die der Ansicht sind, daß man ohne gewisse Schlagworte keinen Erfolg habe, es gibt Leute, die es für einen Beweis des Liberalismus halten, wenn man sich an diese Schlagworte anknüpft, wenn man sich mit demjenigen als einverstanden erklärt, was viele Menschen gerne hören. Meine Herren, ich habe niemals solcher Politik gehuldigt und ich glaube nicht, daß sie wesentliche Erfolge haben kann; ich glaube, daß der ehrliche Mann nur das in's Auge fassen soll, was er für erreichbar hält; ich bin weit entfernt, irgend Jemand einen Vorwurf zu machen, der mehr erreichen zu können glaubt, als ich, allein ich für

meinen Theil, und alle diejenigen meiner Freunde, die den Antrag unterzeichnet haben, wir glauben eben nicht mehr erreichen zu können im gegenwärtigen Augenblicke und wir glauben deßhalb auch nicht mehr in Aussicht stellen zu dürfen. Es mag sein, daß dieß blos eine Folge der individuellen Organisation ist, daß der Eine weniger hinweist in kühnen Conceptionen als der Andere, allein es ist einmal so, und deßhalb, meine Herren, kann ich Ihnen keine fertige Reichsverfassung in Aussicht stellen; ich kann Ihnen nichts in Aussicht stellen, als einen Keim, einen Anfang zu einer Entwicklung der gegenwärtigen Verhältnisse, einen Keim, der allerdings nur sehr wenig Verlockendes für die Phantasie, sehr wenig Verlockendes für die Wünsche derjenigen hat, die möglichst rasch das Ziel erreichen möchten, das sie für nothwendig halten; allein, meine Herren, wir wollen ja damit nicht abschließen, wir wollen damit nur unsern Weg beginnen, wir wollen nur den nächsten Schritt bezeichnen, der gemacht werden soll, und wir haben doch dafür eine Bürgschaft der Möglichkeit, wir haben dafür die Bereitwilligkeit, welche acht Regierungen erklärt haben, Regierungen, die mehr als die Hälfte der Bevölkerung Deutschlands vertreten Aus diesem Keim, wie klein er auch sei, wird die Beharrlichkeit und Einigkeit des deutschen Volkes zuverlässig Das machen, was es nothwendig hat; denn davon bin ich überzeugt, entwicklungsfähig ist dieser Keim, um daraus machen zu können, was Deutschland bedarf; und daß das deutsche Volk Das, was es möglicher Weise machen kann, auch machen wird, dafür habe ich hinreichenden Vertrauen in seine Einsicht, seinen Muth. Meine Herren, es ist wahr, in gegenwärtigen Augenblick sieht uns ein gewichtiges Bedenken entgegen, man wird uns einwenden, Preußen wird niemals diesen Plänen zustimmen. Meine Herren, ich glaube nicht, daß die Gründe, welche jene Einstimmung Deutschlands bewogen haben, sich von diesen Vorschlägen ferne zu halten, begründet sind; ich glaube nicht, daß es im Interesse von Preußen liegt, sich hier auszuschließen; ich habe aber jedenfalls die Ueberzeugung, daß in demselben nichts liegt, was gegen seine Ehre, gegen seine Machtstellung ist. Ich fürchte, es ist auch jetzt wieder einer der Augenblicke, wo man in jenem Staate, den uns allen gewiß so theuer ist, dessen Entwicklung wir alle so sehr anerkennen, die eignen Interessen nicht richtig auffaßt; mir scheint, man befindet sich dort auf einem Wege, der zum Ziele führt, der zum Ziele führen kann, und deßhalb wage ich es zu hoffen, daß eine Umkehr eintreten wird. Zudem, meine Herren, bin ich überzeugt, daß jene Einstimmigkeit des preußischen Volks, von dem wir so oft hören, nicht besteht, daß ein sehr großer Theil desselben die Ansicht nicht theilt, die man uns entgegen stellt, ein anderer Theil sich wenigstens gleichgültig dagegen hält.

Meine Herren! Ich wiederhole es, unser Vorschlag hat sehr wenig Verlockendes, aber ich glaube, er hat etwas, was ihn Ihnen empfehlen sollte; er hat den Vortheil, daß er ohne große Schwierigkeiten und also sofort in's Leben treten kann; er bietet den Vortheil, daß selbst ohne organische Aenderungen, welche bekanntlich der Zustimmung aller Bundesregierungen bedürfen, und welche also durch den Widerspruch eines einzelnen derselben gehindert werden können, die Maßregel in's Leben treten kann, daß sie selbst dann noch wirksam sein kann, wenn gar kein Bundesbeschluß darüber gefaßt werden wollte. Meine Herren, seit einer Reihe von Jahren wird von einer Regierung gegenüber dem Bunde das Recht der Sonderbündnisse in einer Weise geübt, die geeignet erscheint, den Bundesvortrag in dieser Beziehung illusorisch zu machen. Die Institution der Delegirten, so wenig Verlockendes sie hat, hat den Vortheil, daß diejenigen Regierungen, die nur über eine Reihe von Maßregeln sich verständigt haben, dieselben durch Delegirte berathen und in solcher Weise der Durchführung entgegenführen können, daß sie einen Keim legen können, zu einem weiteren Schritt, den die übrigen Regierungen nicht hindern können, daß sie so auf dem Wege der Sonderbündnisse, den man bisher nur in entgegengesetzter Richtung betrat, dem Bestreben entgegentreten können, welches die Thätigkeit des Bundes lahm zu legen, ihn todt zu schweigen beabsichtigt, daß sie Positives schaffen werden. Meine Herren! Es ist das allerdings sehr wenig; aber ich glaube, es ist dies immerhin eine Eigenschaft, die empfiehlt, es ist nur ein sehr kleiner Schritt, zu einem noch sehr fernen Ziele. Aber, meine Herren, wenn Sie dieses Ziel ins Auge fassen, so werden Sie mir zugeben müssen, daß dasselbe ein so hohes ist, daß es jeder Anstrengung für würdig erscheint, daß keine Mühe dafür gescheut werden darf. Es ist unsere Aufgabe, ein einiges Deutschland zu gründen, und von ihm keinen seiner Bestandtheile auszuschließen, eine Aufgabe, die wenigstens keine andere Partei in Deutschland noch für lösbar gehalten, keine auf diese Weise lösen zu können geglaubt hat, wie wir; meine Herren, lassen Sie uns daran fest halten, lassen Sie uns davon nichts aufgeben, die Bürgschaft des Erfolges liegt nach meiner Ueberzeugung in der Einsicht, in dem Muthe, in der Beharrlichkeit des deutschen Volks; sie liegt in jener sittlichen Weltordnung, welche Freiheit und Recht schützt und Keinen verläßt, der sich nicht selbst verläßt.

Meine Herren! Beharren wir, streben wir unverdrossen, und wie groß auch im Augenblicke die Schwierigkeiten sein mögen, wie weit der Weg, wie klein der erste Schritt, wir unverdrossen fort, wir werden das Ziel erreichen: dem Muthigen gehört der Sieg. (Lebhafter Beifall.)

Präsident: Meine Herren! §. 14 unserer Geschäftsordnung bestimmt, daß kein Redner über zehn Minuten sprechen soll, es sei denn, daß die Versammlung die Redezeit verlängert. Aber die Art und Weise, wie die Versammlung die Redezeit verlängern kann, in welcher Form sie sich darüber auszusprechen hat, überläßt die Geschäftsordnung der Praxis, und ich glaube wohl in Ihrem Sinne zu handeln, wenn ich in Fällen, wo die Versammlung einem Redner ihre ungetheilte Aufmerksamkeit widmet, voraussetze, daß sie damit auch die Verlängerung der Redezeit gewährt. (Bravo!) Es würde sonst für den Präsidenten die unangenehme Verpflichtung bestehen, immer die Uhr in der Hand zu haben, und wenn zehn Minuten vorüber sind, eine förmliche Abstimmung der Versammlung zu veranlassen. (Zustimmung.)

Ehe wir in der Diskussion weiter gehen, habe ich Ihnen mitzutheilen, daß von Seiten des Herrn Hamel, Bibliothekar aus Homburg v. d. H., einen Aktenstück auf den Tisch des Hauses niedergelegt wurden. Das erste Actenstück lautet dahin:

"Die Versammlung wolle beschließen:

Die Hohe Deutsche Bundesversammlung in Betreff der endgültigen Vollendung des Reichsverfassungswerkes zur ungesäumten Erklärung aufzufordern,

ob Hochdieselbe den desfallsigen gerechten Forderungen der deutschen Nation entsprechend, auf den 1. Januar

1863 wieder eine constituirende Nationalversammlung in Frankfurt a. M. und zwar auf Grund der Bundesbeschlüsse vom 30 März und 7. April 1848, sowie des Reichswahlgesetzes vom 12. April 1849, jedoch mit Modification des die selbstständigen Wahlrechte der Kleinstaaten verletzenden §. 9., einberufen wolle?" (Wird ununterstützt zurückgezogen.)

Meine Herren, dieser Gegenstand hängt mit unserm Berathungsgegenstande nicht zusammen; überhaupt scheint er mir in unsere Aufgabe nicht zu fallen, und ich fühle mich veranlaßt, ihn einfach ad acta zu legen. (Allseitige Zustimmung!)

Zweitens stellt derselbe Herr folgenden Antrag:

Der zweite Antrag aber lautet:

"Antrag, die Versammlung wolle in Betreff des "Reichsoberhauptes" erklären, daß:

1) diese Würde dem Kaiserhaus Oesterreich und dem Königshause Preußen und zwar alljährlich abwechselnd, übertragen werden solle.

2) Das Reichsoberhaupt solle den Titel: "Reichsverweser der Deutschen" führen.

Würde der Kaiser von Oesterreich als Reichsverweser fungiren, so führt der König von Preußen den Titel eines "Vice-Reichsverwesers" und so umgekehrt. (Heiterkeit.)

3) Zum Sitze der Reichsregierung wäre wohl Frankfurt a. M. zu bestimmen, wo dann der Reichsverweser Gebühr zur Ausübung seiner verfassungsmäßigen Rechte und Pflichten während der Dauer des Reichstags bestehend zu erwidern hätte."

Dieser Gegenstand hängt allerdings mit der Reform der deutschen Reichsverfassung zusammen. Er hängt mit einem Artikel des in der Discussion unterstellten Antrags zusammen, gegenüber welchem er einen abweichenden Charakter zu dem gestellten Hauptantrag.

Ich gebe deßhalb dem Herrn Antragsteller das Wort zur Motivirung seines Antrags, um darauf hin die Unterstützungsfrage stellen zu können. Ich ersuche den Herrn Antragsteller, die Rednerbühne zu besteigen.

Hamel, Bibliothekar aus Homburg v. d. H.: Meine Herren! So lange, als die gegenwärtige Machtstellung von Oesterreich und Preußen unverändert fortbesteht, so lange läßt sich wohl auf friedlichem Wege, meines Erachtens, zur Ausgleichung der widerstrebenden, vielfach beklagenswerthen Verhältnisse und zur Aussöhnung der streitenden Parteien kein anderer Ausweg auffinden, als der in meinem Antrag enthaltene; denn durch einen alljährlichen Regierungswechsel der beiden Monarchen wird nicht nur die delikate Streitfrage hinsichtlich einer Unterordnung in möglichst zufriedenstellender Weise beseitigt, als auch etwaigen Stabilitäts-Befürchtungen am geeignetsten begegnet, und mehr noch, als wenn man etwa eine dreijährige Periode bestimmen wollte. Ehrlich durchgeführt, wird mein Antrag zum Heil und Segen des Gesammtvaterlandes gereichen.

(Rufe nach Schluß.)

Präsident: Es ist der Antrag auf Schluß gestellt; ich ersuche diejenigen Herren, welche in Beziehung auf diesen Antrag den Schluß wollen, sich zu erheben. (Die Majorität erhebt sich.)

Von Herrn Dr. Knorr aus Darmstadt ist ein Antrag als Modification zu dem zur Discussion ausgesetzten Programm eingebracht worden. Er lautet:

„Ich schlage vor, daß das von dem Ministerialrath Weiß und Genossen vorgeschlagene Programm dahin abgeändert werde:

Der Zweck des großdeutschen Vereins besteht darin, auf jede gesetzlich erlaubte Weise den Bund sämmtlicher Bundesstaaten fester, als dieses durch die seitherige Bundesverfassung geschehen und durch deren Abänderung zu knüpfen und inzwischen zu suchen, daß kein deutscher Staat aus dem Bunde ausscheidet, oder gegen seinen Willen einem andern Staate untergeordnet wird."

Hier wird der Antrag ein Programm genannt und es ist die Rede davon, den Zweck des großdeutschen Vereins näher anzugeben. Da die Frage der Bildung eines großdeutschen Vereins gegenwärtig noch auf der Tagesordnung steht, so bin ich der Ansicht, daß dieser Antrag nicht hier zur Discussion kommt, sondern dann, wenn etwa durch einen späteren Antrag die Frage der Bildung eines großdeutschen Vereins und die Feststellung eines Programmes für denselben angeregt wird. (Zustimmung.)

Sodann ist ein Schreiben von Herrn Hofgerichtsrath Dr. Kraft aus Gießen eingelaufen, worin er mittheilt, er sei verhindert, heute zu erscheinen, und zugleich dasjenige, was er hier zu äußern vorhatte, schriftlich übersendet.

Da Herr Dr. Kraft nicht Mitglied der Versammlung ist, so ist die Sache einfach zu den Acten zu legen. (Zustimmung.)

Wir fahren nun in der Discussion weiter fort. Ich werde immer mit den Rednern abwechseln, je nachdem sie für oder gegen den Antrag sprechen werden. Ich gebe nun Herrn v. Gagern das Wort.

Freiherr Heinrich von Gagern: Meine Herren! Ich habe mir das Wort erbeten, um gegen einzelne Punkte des Antrags zu sprechen. Es ist eine erhebende und zu Hoffnungen berechtigende Erscheinung, daß eine so zahlreiche Versammlung, aus so verschiedenen Elementen gebildet, in dem einen Streben, auf welches die ganze Thätigkeit der Nation seit zwanzig Jahren gerichtet ist, übereinstimmt; in dem Gedanken, daß es ein Bedürfniß sei, die Bundesverfassung zu reformiren. Darüber also besteht ein Gegensatz der Meinungen mehr in den weitest auseinanderliegenden gesellschaftlichen Kreisen. Ich habe den Antrag gestellt, den Punkten 5, 6, 7 und Vorschlägen, welchen der Freiherr von Lerchenfeld in einem so anerkennenswerthen warmen, patriotischen Geiste entwickelt und vertheidigt hat, eine andere Fassung zu geben, die ich mir zunächst erlauben will, Ihnen vorzutragen und Sie bitte, wenn Sie glauben, daß meine Gründe dafür einiger Beachtung werth sind, daß Sie dann meinem Abänderungs-Vorschlage Ihre Unterstützung gewähren.

„In dem Antrage der acht Regierungen: — an den Sitz der Bundesversammlung einzuberufen und niederzusetzen eine Commission, bestehend aus Delegirten der Ständeversammlungen, zur Berathung von Bundesgesetzentwürfen, zunächst der beiden erwarteten über deutsches Civilprozeß und deutsches Obligationen-Recht, — ist das Bestreben jener Staaten, Rechtseinheit in Deutschland herbeizuführen, dankbar anzuerkennen.

Es kann jener Weg, zur Rechtseinheit zu gelangen, welches ein mächtiger Factor des nationalen Einheits-

bewußtseins ist, bei dem gegenwärtigen Stande der Bundesverhältnisse ein förderlicher sein, weil er geeignet ist, die Uebereinstimmung der verschiedenen Bundesregierungen in der Beschlußfassung über solche Entwürfe zu erleichtern. Die von den acht Regierungen beantragte Delegirten-Versammlung ist unter dem weitern Gesichtspunkt der öffentlichen Gunst empfohlen worden, daß darin ein erster Schritt vorwärts begrüßt werden möge zur Schaffung einer nationalen Vertretung. Es haben jedoch die beantragenden acht Regierungen sich gegenwärtig gehalten, daß die Einführung eines repräsentativen Elements in den Organismus des deutschen Bundes mit Nothwendigkeit zugleich eine entsprechende veränderte Gestaltung der Executive des Bundes bedinge und darum und aus anderen Gründen weitere Anträge sich vorbehalten.

Bei Würdigung des für diesen Vorbehalt angeführten Motivs erscheint die beantragte Institution der Delegirten-Versammlung unter dem angeregten zweiten Gesichtspunkte zur Zeit für die öffentliche Beurtheilung noch nicht zur Reife gediehen"

Also, meine Herren, nicht über das Ziel sind wir verschiedener Meinung, sondern über die Wege zum Ziel. Nicht darum bin ich dem Antrage in seiner vorgeschlagenen Fassung entgegen, weil ich ihn für einen unvollkommenen halte; die Erfahrung kann für keinen denkenden und wie ich, alternden Mann, verloren gegangen sein, wie schwierig es ist, unter den bestehenden Verhältnissen zu irgend einer Reform der Bundesverfassung zu gelangen. Ich würde jede Abschlagszahlung, sie sei auch noch so gering, dankbar, so weit es an mir liegt, entgegennehmen, wenn ich nur die Grundlage, um als Ausgangspunkt zu dienen, für eine richtige ansehen, wenn ich glauben darf, daß in dem Dargebotenen eine entwickelungsfähige Grundlage für den Weiterbau gegeben sei. Wir haben zu unterfuchen, was denn in dem Antrage zunächst geboten ist? — Es ist die Voraussetzung geltend gemacht worden, als sei von den Regierungen jetzt schon beantragt, daß eine Delegirten-Versammlung mit repräsentativem Charakter geschaffen werden möge, um diejenigen Gesetzes-Entwürfe, welche in einer Fachmänner- Commission zur Vollendung kommen, und welche ihr zur Berathung und Beschlußnahme überwiesen werden, statt der Landstände der Einzelstaaten, zuzuheißen oder zurückzuweisen. Meine Herren, das ist meines Wissens und so weit ich mich über die officiellen und officiösen Erklärungen der proponirenden Regierungen habe unterrichten können, nicht der Fall. Man hat in keiner Weise die Absicht gehabt, der Competenz der Landesvertretungen irgend Abbruch zu thun; vielmehr daß man sich gegen die Unterstellung einer bloßen Absicht verwahrt. Das practische Resultat oder der practische Werth der Verhandlungen der Delegirten-Versammlung würde also nach dem Vorschlag darin beruhen, daß, je nachdem die Autorität der Männer, sowohl derer, die schon in der Fachmänner-Commission thätig waren, als derer, die in die Delegirten-Versammlung gewählt würden, größer oder geringer wäre, dennoch die einzelnen Landesvertretungen sich vielleicht bestimmt fühlen könnten, Gesetzes-Entwürfe, die ihnen vorgelegt würden, einer weniger eingehenden Prüfung und Discussion zu unterziehen, vielmehr sich summarisch dem Votum der Delegirten-Versammlung etwa anzuschließen. In jedem Fall aber wäre eine solche Einhaltung der Landstände von so specieller Prüfung eine rein facultative und nach der Proposition würden die Ständeversammlungen der verschiedenen deutschen Staaten berechtigt bleiben und gewiß würden Viele und namentlich die der größeren Staaten sich auch berufen fühlten, von neuem die Prüfung zu beginnen. Die Regierungen haben ausdrücklich abgelehnt, daß man die proponirte Delegirten-Versammlung als mit repräsentativem Charakter ausgestattet, beurtheilen möge; sie haben sich in dieser Beziehung und in der weiteren, ob nämlich die Delegirten-Versammlung als ein organisches Institut in die Bundesverfassung dauernd einzuführen sei, ihre weiter Vorschläge vorbehalten. — Als Commission ad hoc, als lediglich auf den legislatorischen Beirath beschränkt, kann also die Delegirten-Versammlung, wer will das läugnen, von Nutzen sein; es ist aber dieser mögliche Nutzen durch verschiedene Voraussetzungen bedingt. — Betrachten wir aber die Delegirten-Versammlung unter dem zweiten Gesichtspunkte, nämlich unter dem als Ausgangspunkt für eine nationale Vertretung sich geltend machen zu sollen, so drängen sich dabei folgende Betrachtungen auf. — Ich habe bereits gesagt, die geringste Abschlagszahlung ist mir willkommen; und gegen das Prinzip an sich, der Delegation auf eine Nationalvertretung angewendet, die sonst ausgestattet ist, um als politische Institution sich geltend zu machen, habe ich keinen Einwand. — Aber ich fordere, daß jeder Ausgangspunkt und Anfang einer Nationalvertretung ein solcher sei, daß die Berufenen in der schweren Lage und Krisis, in welcher unsere vaterländischen Zustände sich befinden, den legalen Beruf, das berechtigte Selbstvertrauen und die Kraft in sich finden, um mit Autorität dem Bedürfniß zu entsprechen, um deren Willen wir Nationalvertretung verlangen. (Beifall.) — Dieses Bedürfniß ist zunächst nicht, daß wir ein Civil- und Criminalgesetz für Deutschland erhalten, und obgleich ich in der Rechtseinheit, wie ich in meinem Vorschlag anerkannt habe, einen sehr werthvollen Fortschritt sehen würde, so steht sie doch nicht in erster Linie der Würdigung der Nothwendigkeit der Entwickelung unserer Bundesverhältnisse. — Der schwerer wiegende Grund, warum eine nationale Vertretung ein Bedürfniß ist, liegt darin, weil es einer autoritativen Vermittlung bedarf zwischen den vermeintlich gegensätzlichen Interessen und wirklich gegensätzlichen Anschauungen der beiden deutschen Mächte, damit sie in den großen nationalen und europäischen Fragen unter einer Fahne zusammenstehen. (Beifall.) — Nur eine wahre Nationalvertretung vermag eine solche Einigung durch das Gewicht ihres nicht zu überhörenden Ausspruches zu vermitteln. — Ich frage Sie nun, ob eine Delegirten Versammlung, die zunächst nur von acht Staaten vorgeschlagen ist, und bei welchem Vorschlag es mehr als zweifelhaft ist, ob ihm ein weiterer Zuwachs von zustimmenden Staaten wird, ob die Verwirklichung dieses Vorschlags geeignet wäre, ein großes Gewicht in die Waagschale zu werfen zur Versöhnung, zur Vermittelung der gegensätzlichen Anschauungen. — Wer aber glaubt, daß schon in dem Schein einer gemeinsamen Vertretung ein Fortschritt werd erblickt werden, wer eine competenzlose Versammlung schaffen will, damit noch mehr wirkungslose Reden in Deutschland gehalten werden, damit noch mehr berathende und wortreiche Versammlungen in Deutschland seien, der entspricht nicht dem Geiste und der befriedigt nicht das Bedürfniß, von dessen Erkenntniß die Nation durchdrungen ist. (Sehr gut!)

Meine Herren, es sind aber besonders drei Gründe, warum ich in der von acht Staaten vorgeschlagenen Delegirten-Versammlung keinen gesunden Ausgangspunkt für eine nationale Vertretung finden kann. — Die Delegirten Versammlung soll nach dem Antrag berufen werden, we-

nigstens muß ich das nach demjenigen, was darüber bis jetzt vorliegt, so annehmen, zu einer Kammer oder Versammlung. — Wenn wir eine Nationalvertretung für Deutschland wünschen und fordern, so sind wir gewiß darüber einig und ich brauche mich der Begründung dieser Anschauung nicht weiter zu unterziehen, daß eine solche in zwei Kammern oder Häusern stattfinden müsse; die Delegirten-Versammlung aber, als Ausgangspunkt zu einer Nationalvertretung, und angenommen, es sei ihr eine erweiterte Competenz als politischer Körper vorbehalten, würde mit dem Charakter der Einkammereinrichtung ins Leben treten.

Nun ist es aber möglich, es ist selbst wahrscheinlich, daß, wenn es zur Verwirklichung des Vorschlags käme, dieser vermeintliche Ausgangspunkt zu einer Nationalvertretung kann noch keine andere Gestalt gewonnen haben werde, wenn, was nahe bevorzustehen scheint, große Krisen über Deutschland und Europa kommen. — Ich frage Sie, was wird die Stellung, was die Versuchung sein, die an solche Delegirten Versammlung herantritt? — Sie ist als eine andere, lediglich kleindeutsche Versammlung zusammengetreten, ohne politischen Beruf. — Das Gefühl der Nation gewährt ihr schon aus diesen Gründen von vornherein einen geringen Credit; sie kann ihrer Natur nach kein Gewicht in die Waagschale werfen. — Wäre es aber durch die Gewalt der Umstände dahin gekommen, daß ihr dennoch angemuthet würde, als politische Autorität sich geltend zu machen, so frage ich Sie, woher soll sie das Selbstvertrauen nehmen, um dieser Forderung zu entsprechen? — Die natürliche Folge einer solchen Versuchung oder Anmuthung würde sein, daß ähnliche Ergebnisse sich wiederholen, wie das Jahr 1848 in dem Vorparlament und Fünfziger-Ausschuß, dann auch in der Nationalversammlung sie gebracht hatte, obgleich in der Nationalversammlung die Uebergriffe und anarchischen Bestrebungen während längerer Zeit möglichst noch in Schranken gehalten werden konnten.

Meine Herren! Als die ersten Anläufe zur Nationalvertretung geschehen, war es keineswegs der Wunsch und die Absicht der nationalen Partei, die dazu unter schwierigen Verhältnissen den rettenden Anstoß gab, daß die Versammlung in einer Kammer tagen solle; das Programm, über welches man sich verständigt hatte, und welches schon in das Vorparlament eingebracht wurde, forderte zwei Kammern. — Darin ein Fehler, daß man diesem Vorschlag nicht entsprach, ein Fehler, der sich rächte und den die nationale Partei nicht zu verantworten hat. — Wenn der Wunsch und die Absicht, für eine Nationalvertretung eine gesunde Grundlage zu schaffen, jetzt auch in den Regierungskreisen ein mehr als damals entschiedener und aufrichtiger ist, so sollte ich denken, daß die Erfahrungen belehren und warnen müßten, die damaligen Fehler nicht noch einmal zu machen, und daß man sich hüten sollte, in einer Delegirten-Versammlung, die in ähnlicher Weise nur in einem Hause tagen würde, den Ausgangspunkt für eine wirkliche Nationalvertretung sichern und schaffen zu wollen.

Auch diese, in schwieriger Zeit veranlaßt, autoritativ sich geltend zu machen, würde diese Autorität um so gewisser nur durch Ueberschreitung ihrer Competenz, und dadurch zu begründen suchen, daß sie der öffentlichen Meinung auf stürmischen Pfaden gleichsam zum Vorläufer wird, — je bestrittener die thatsächliche und rechtliche Basis dieser Autorität sein könnte. — Dieses ist einer der Gründe, die ich geltend zu machen habe, dagegen, daß in einer Delegirten-Versammlung, die, vorläufig ohne politische Competenz, berufen würde, Gesetzes-Entwürfe in einer Versammlung, in einer Kammer zu berathen, — ein gesunder Ausgangspunkt, um zu einer Nationalvertretung zu gelangen, zu erkennen sei. Meine Besorgniß ist also, daß eine solche Versammlung, für einen politischen Beruf nicht geschaffen, und demselben nach ihrer legalen Ausstattung nicht gewachsen, bei Rothzuständen, die wir zu gewärtigen haben, und in denen ihr eine politische Einwirkung angemuthet werden könnte, durch innere Schwäche, die die unvermeidliche Folge ihrer Unvollkommenheit und Ungenügendheit sein müßte, auf unberechenbare Abwege geführt werden würde.

Aber noch aus einem andern Grunde glaube ich, daß während wir eine gesunde Grundlage für eine National-vertretung suchen, eine solche durch die proponirte Delegirtenversammlung vielmehr gefährdet werden könnte. Ich bemerkte schon, daß man darüber nicht zweifelhaft sein werde, die Nationalrepräsentation müsse in zwei Kammern stattfinden. Es ist sodann unvermeidlich, daß die künftige deutsche Centralgewalt eine zusammengesetzte sein werde. Ist die Centralgewalt collegialisch zusammengesetzt, so sind in derselben auch die einzelnen Staaten vertreten und es wäre nicht mehr nöthig neben der Staatenvertretung in der Centralgewalt auch noch eine Vertretung der Einzelstaaten als solcher in einem der repräsentativen Körper, etwa in einem Staatenhause zu begründen. Bei collegialischer Organisation der Centralgewalt wird eine andere Organisation des früher als Staatenhaus bezeichneten anderen Hauses möglich und wünschenswerth. Es würde ein Oberhaus aus theilweise wenigstens wirklich aristokratischen Elementen zu schaffen sein. Mit dieser Anschauung, die schon dem 1848r-Entwurf der 17 Vertrauensmänner zu Grunde liegt, trete ich der demokratischen Ansicht entgegen, die in einem der heute in dieser Versammlung eingebrachten Gegenvorschläge Befürwortung gefunden hat.

Die Forderung der Bildung des Oberhauses aus theilweise aristokratischen Elementen darf ich um so unbefangener äußern ohne mich dem Verdacht auszusetzen, für eigene Interesse zu sprechen, als ich nicht zu der Aristokratie gehöre, von der ich wünsche, daß sie betreint in dem deutschen Oberhause ihren Beruf und ihre Stellung finden möchte, wofür die Bedingung ist: auf großes Vermögen, und auf das Bewußtsein großer Pflichten gegen die Gesammtheit gegründete Vertretung großer Interessen. Ich spreche also als ein Demokrat seiner bürgerlichen Stellung nach, der aber glaubt, daß in einem wahren, dem Vaterland und seinen Interessen sich widmenden Aristokratie ein wichtiges Element für die Entwicklung und deren Beständigkeit der staatlichen Zustände, und seine Garantie der Freiheit liegt. (Sehr gut! Sehr wahr! Bravo!) Darum kann ich in der Gründung einer Delegirten-Versammlung, in welcher nicht allein von vornherein der Aristokratie die Betheiligung an der Entwicklung unserer öffentlichen Zustände abgeschnitten, sondern auch keine Aussicht gelassen würde, daß sie jemals eine solche Stellung wieder gewinnen könne, einen gesunden Ausgangspunkt für eine National-vertretung nicht finden. Eine Aristokratie, die in den entscheidenden Momenten der politischen Entwicklung nicht auf dem Platze ist, die ihre Berechtigung durch aufopfernde und einsichtsvolle Sorge und Pflege der einrichtlichen und Freiheits-Interessen des Vaterlandes zu bethätigen und dadurch zu befestigen zu können, die wird nimmermehr das Versäumte nachholen. — Nicht wenn man später die Lücke und den Mangel an aristokratischen Elementen wahrnimmt,

läßt sich eine Aristokratie schaffen und in den Organismus einschieben; sie muß in den entscheidenden Gährungsmomenten der politischen Zustände sich bewähren, um naturwüchsig zu sein, oder die Zeit ist über sie dahingegangen, und sie hätte sich dann nicht zu beschweren. Darum darf den aristokratischen Elementen nicht systematisch die Betheiligung an der Entwicklung der politischen Zustände vorenthalten werden, vielmehr muß ihr in dem zu schaffenden Organismus der Stellung gewahrt bleiben, um ihren Beruf bewähren zu können; und ich hoffe, sie wird sich diese nicht nehmen lassen. Dieser Gesichtspunkt wird noch wichtiger und ich sehe ihn zur größeren Würdigung mit um so größerem Vertrauen empfohlen, wenn ich auf Oesterreich hinweise. Wir können bezüglich mancher Theile Deutschlands zweifelhaft sein, ob da noch eine lebensfähige, ihrer Pflichten sich bewußte Aristokratie besteht. Aber Oesterreich, welches wir in Deutschland festhalten wollen (stürmischer Beifall), dieses Oesterreich hat eine Aristokratie; sie ist dort ein unbezweifelt wichtiges Element der staatlichen Entwicklung, sie ist dasjenige Element, welches, wenn ihm die rechte Stellung in der deutschen National-Vertretung wird, eines der mächtigsten einigenden Bande zwischen Oesterreich und Deutschland werden kann. (Beifall.)

Ich habe ein drittes Moment gegen den Antrag bezüglich der Delegirten-Versammlung hervorzuheben; dieses Moment liegt in der Stellung Preußens zur Reformfrage. Das System Preußens, in Bezug auf die Reform der deutschen Bundesverfassung umfaßt verschiedene Glieder, die verschiedener Beurtheilung unterliegen. Das System Preußens, davon ausgehend, daß Oesterreich und auch andere Staaten, deren Gebiete theils zum deutschen Bunde gehören, theils nicht, in einen Bundesstaat auf staaterechtlicher Grundlage nicht eintreten könne, erfordert für das deutsche Einheitsbedürfniß zwei verschiedene Institutionen, einen engeren und einen weiteren Bund. Es hatte diese Forderung eine Berechtigung, als Oesterreich verweigerte bloß mit seinen deutschen Provinzen in einen engeren staaterechtliches Verhältniß zu Deutschland zu treten, und es würde unter dieser Voraussetzung, wenn Oesterreich auf die Combination einging, was Preußen damals unterstellte, darauf angekommen sein, dem weiteren Bund für die österreichischen gesammtstaatlichen Verhältnisse so theilhaft und annehmenswerth als möglich zu gestalten; eine Lösung, die Preußen damals auch suchte. Dieser Versuch ist aber den späteren Ereignissen unterlegen, und überdem ist der frühere Standpunkt Oesterreichs jetzt ein überwundener Standpunkt. Oesterreich hat in officiellen Documenten erklärt, und die Oesterreicher zeigen durch den Umschwung der Anschauungen, der bei ihnen durch die Ereignisse hervorgebracht worden ist, daß bei der auch von ihnen anerkannten Nothwendigkeit der Entwicklung Deutschlands zu festerer Einheit, die deutschen Provinzen Oesterreichs Hand in Hand mit dem übrigen Deutschland diese Entwicklung fördern sollen und wollen. Der Erkenntniß, daß fast alle Voraussetzungen weggefallen seien, die in den Jahren 1848 bis 1850 einen preußischen Standpunkt gerechtfertigt — haben, kann sich wohl auch Preußen für die Dauer nicht mehr verschließen. — Ein anderes Glied aber des preußischen Systems, bezüglich der Reform der Bundesverfassung, bildet die in jeder preußischen Staatsschrift sich, welche seit 1848 erfolgt ist, constant und stets unnumwunden gegebene Erklärung und Anerkennung, daß eine wahre Nationalvertretung, in welcher Preußen sich betheiligen könne, müsse und

3

werde, ein nationals Bedürfniß sei. Die verschiedenen Glieder des preußischen Systems behaupten, daß die deutsche Bundesreform streben keineswegs solidarisch zu einander; und auch dafür liegen wenigstens officielle preußische Aeußerungen vor; das eine Glied kann aufgegeben und an dem andern dennoch festgehalten werden. — Das letztere Glied des preußischen Systems aber, die Erklärung des Bedürfnisses und die Verheißung einer wirklichen nationalen Vertretung im Bundesverhältnisse, wollen wir fest halten und Preußen fort und fort verdanken. Es wäre möglich, daß eben jetzt von dem officiellen Preußen an diesem Anerkenntniß mit wenigerem Ernst und geringerer Zähigkeit festgehalten, ein gegebener Anlaß vielleicht gern benutzt würde, um jenes Anerkenntniß als ein gleichsam zurückgewiesenes zu betrachten und so zu behandeln. Um so schwerer aber und ernster wiegt die Pflicht des übrigen Deutschlands, so viel an ihm liegt, in jenem Anerkenntniß auch eine Errungenschaft Preußens, des preußischen Volkes zu wahren, und nicht dem Unglücke der sonst so zerfahrenen Zustände, unter denen Preußen seufzt, auch noch den Verlust der Bürgschaft einer besseren Zukunft hinzuzufügen, die in dem Anspruche und der Aussicht auf Verwirklichung einer wahren Nationalvertretung liegt. — Ich würde es von meinem Standpunkte nimmermehr verantworten zu können glauben, einen Weg bahnen zu helfen, oder einen Anlaß geben, der unter den jetzt in Preußen vorherrschenden Einflüssen vielleicht mit Eifer ergriffen werden könnte, um ein Anerkenntniß als zurückgewiesen zu betrachten, darum zurückzunehmen, oder als nicht gegeben zu behandeln, welches ich trotz Allem, für einen der stärksten und tragfähigsten Grundsteine für den Bau unseres zukünftigen Bundes, für die Erlangung einer wirklichen Nationalvertretung halte. Ein solcher Anlaß würde aber darin gefunden werden können, wenn Preußen aufgefordert würde, den Anträgen, wie sie vorliegen, auf Constituirung einer Delegirten-Versammlung, diese auch als Ausgangspunkt betrachtet, um zu einer Nationalvertretung zu gelangen, an sich anzuschließen, und auf dieser Grundlage fortzuschreiten, was ich für eine gesunde nicht halten kann.

Dieß, meine Herren, sind die Gründe, die ich entwickeln zu müssen mich verpflichtet hielt. Ich danke Ihnen für die Geduld, die Sie mir dabei gewährten. (Lebhafter Beifall.)

Präsident: Es ist wohl zweckmäßig, den Antrag des Freiherrn v. Gagern nochmals zu verlesen. (Geschieht.)

In Folge der Bestimmungen der Geschäftsordnung habe ich die Versammlung zu fragen, ob sie diesen Antrag unterstützt; ich ersuche daher diejenigen Herren, welche den Antrag unterstützen wollen, sich zu erheben. — Er ist genügend unterstützt und ich dehne deßhalb die Discussion auch auf diesen Antrag aus.

Ich ertheile jetzt dem Herrn Moritz Mohl aus Stuttgart zur Einbringung seines Antrags das Wort.

Moritz Mohl aus Stuttgart: Meine Herren! Da ich nicht voraussetzen kann, daß alle die verehrten Herren unsern Antrag bereits gelesen haben, so wollen Sie mir gestatten, ihn zuerst zu verlesen.

Er lautet so:

„Die zu Frankfurt im October 1862 zusammengetretene Versammlung spricht in der deutschen Frage ihre Ansicht in folgenden Sätzen aus:

„1) sie erklärt sich gegen eine Organisation der deutschen „Gesammtverfassung, durch welche ein Theil Deutschlands der Herrschaft des andern unterworfen, oder „aus der vollen Gemeinsamkeit hinausgedrängt „würde;
„namentlich also gegen eine sogenannte preußische „Spitze, und gegen die Unterordnung Oesterreichs „unter Preußen, welche einer Verdrängung jenes „mächtigen Bundesgenossen aus Deutschland gleichkäme,
„sowie gegen eine provisorische oder definitive Ordnung der deutschen Gesammtverfassung ohne die „Theilnahme von Oesterreich;

2) „sie erkennt die erste Forderung des Rechtes und der „Würde Deutschlands darin, daß eine Vertretung „nicht nach Ständen noch durch Ständeversammlungen, sondern durch die Nation, nach einem gemeinsamen Wahlgesetze gewählt, geschaffen werde; „und sie erklärt sich aufs Entschiedenste gegen die „vorgeschlagene Versammlung von Delegirten der „einzelnen Ständeversammlungen, sei es als bleibende, „sei es als vorübergehende Einrichtung, da die Nationalvertretung und Verfassung nicht aus einer „mit Vorrechten durchsetzten Grundlage hervorgehen „darf und der Vorbehalt der Zustimmung der Gesetzgebungen der Einzelstaaten ihr den Charakter „eines bloß beguutachtenden Körpers geben würde;

3) „sie erachtet es für unumgänglich, daß das Recht „der Gesetzgebung für Deutschland künftig nur mit „Zustimmung der Nationalvertretung ausgeübt werde;

4) „sie ist der Ansicht, daß nur der Nationalvertretung das „Recht der Initiative in Beziehung auf die Verfassung und Gesetzgebung einzuräumen sei, in der „Weise, daß die diesfälligen Beschlüsse der obersten „Bundesbehörde und der Nationalvertretung nur „mit wechselseitiger Zustimmung Gesetz werden.

5) „Die Versammlung erklärt sich endlich gegen das „beantragte Bundesgericht und spricht ihre Ueberzeugung aus, daß, wenn die Einrichtung eines „Bundesgerichtes überhaupt für angemessen erachtet „werden sollte, ein solches nur nach Abschaffung „der Vorrechte und der freiheitswidrigen Bestimmungen des Bundesrechtes, und nur mit Zustimmung der Nationalvertretung zulässig sein könnte.“

Dieser Antrag ist unterstützt durch elf weitere Mitglieder, durch die Herren Mack, Craib, Bayerhammer, D. Freiherr v. Cornberg, Dr. Löning, A. Riebur, (aus Oldenburg), Dr. Huhn, Junghanns, G. F. Kapp, A. von Schmidesfeld, Ruß.

Meine Herren, der Antrag, welchen acht Bundes-Regierungen an dem Bundestage gestellt haben, auf die Schaffung von Delegirten-Versammlungen, hat eine politische Seite und eine gesellschaftliche, und ich habe die allergrößten Bedenken dagegen, sowohl in politischer Beziehung, als auch in gesellschaftlicher.

In politischer Beziehung, meine Herren, glaubt man von verschiedenen Seiten, es werde die Einführung einer Gesammtvertretung bei dem deutschen Bunde dadurch wesentlich erleichtert, weil nicht schon eine organische Bundeseinrichtung geschaffen werde, welche bekanntlich vom Bundestage nur mit Stimmeneinhelligkeit beschlossen werden kann; sondern daß vielmehr vom Bundestage Delegirte nur dann berufen werden, um über einzelne Geseßentwürfe, Gutachten zu erstatten, welche alsdann der endlichen Bestimmung der Ständeversammlungen der Einzelstaaten unterliegen, und daß zur Berufung einer solchen Versammlung nur die Stimmen der hierfür sich aussprechenden Bundesregierungen erforderlich seyn.

Meine Herren, ich gestehe, daß ich hierbei ein sehr großes staatsrechtliches Bedenken habe. Wenn die acht Bundesregierungen ohne dabei mit der Bundesversammlung in Berührung zu kommen, eine Delegirten-Versammlung zusammenberufen wollten, alsdann, meine Herren, würde gewiß kein Bundesglied eine Einsprache dagegen zu erheben berechtigt seyn. Wenn aber die acht Regierungen darauf anträgen, daß der Bundestag, daß das gemeinschaftliche Organ aller deutschen Regierungen Delegirten-Versammlungen berufen soll, dann, meine Herren, ist es eine Vertretung am Bunde, dann ist es ein Beschluß für den Bund, dann ist es eine organische Einrichtung auch in dem Falle, auch dann, wenn sie nur „ad hoc" nur zur Berathung einzelner Gesetzentwürfe berufen werden. Ich glaube, daß jede deutsche Regierung, daß also z. B. die preußische Regierung bundesmäßig ein vollständig begründetes Einspracherecht gegen eine solche Berufung hat, und daß, wenn eine solche Einstimmigkeit für die Berufung in der Bundesversammlung nicht stattfindet, die Bundesversammlung nicht zuständig ist, eine solche Delegirten-Versammlung zu berufen.

Seßen wir also den Fall, meine Herren, daß Preußen und daß andere Staaten gegen die Berufung der Delegirten-Versammlungen sich aussprechen sollten, und nach der Haltung, die Preußen seit einigen Jahren beobachtet hat, ist dieß ja ein sehr wohl möglicher, vielleicht sogar ein sehr wahrscheinlicher Fall; seßen wir diesen Fall, und nehmen wir ferner an, die Mehrheit der Bundesversammlung setze über diesen Widerspruch zur Tagesordnung, so frage ich Sie, ob dann diejenigen Herren, welche den Bund auf seiner gegenwärtigen Grundlage vorerst erhalten wissen wollen, ich nicht sagen müssen, daß möglicherweise deßhalb der Bundesvertrag für zerrissen erklärt werde, und daß die schwersten Folgen daraus sich entwickeln können.

Angenommen aber auch, daß Preußen und andere Staaten, die zwar nicht mit der Berufung der Delegirten-Versammlungen einverstanden gewesen seyn sollten, ließen sich dieß in aller Stille oder unter bloßer Protestation gefallen, was wäre die weitere Folge? Die Folge wäre alsdann, daß durch den Bundestag, durch das Bundesorgan eine Vertretung berufen wird, welche nur einen Theil von Deutschland repräsentirt, daß wir alsdann das haben, was man von Seiten Oesterreichs und der Mittelstaaten so sehr gegen Preußen eingewendet hat, nämlich einen engeren Bund neben einem weiteren Bunde, daß wir dann ein österreichisch-mittelstaatliches Klein-Deutschland haben. Meine Herren! Ich glaube, daß eine solche Einrichtung ganz gegen den Gedanken, den ich einfach den großdeutschen nenne, gegen den Gedanken, der ein einiges, ein ganzes Deutschland will, vollkommen verstoßen würde.

Gesetzt aber den Fall, daß keine solche Spaltung eintrete, so dürfte doch bei Delegirten-Versammlungen diejenige Richtung, welche wir hier alle vertreten wollen, nämlich die großdeutsche, sehr übel ihre Rechnung finden. Denn, meine Herren, angenommen, daß Preußen und daß sämmtliche deutsche Staaten Delegirte senden würden, so frage ich: wer würde die Mehrheit in dieser Delegirten-Versammlung haben?

Meine Herren! Ich glaube, nicht der großdeutsche Gedanke würde die Mehrheit haben, sondern die kleindeutsche Richtung. Es würden ganz gewiß diejenigen Staaten, die nach Preußen gravitiren, mit Preußen die Mehrheit haben, und wenn in der Delegirten-Versammlung alsdann die Frage von der deutschen Verfassung zur Sprache kommen würde, so würde diese Frage nicht in dem Sinne gelöst werden, in dem man von großdeutscher Seite es wünscht.

Meine Herren! Ich glaube, der Grund, warum dieß bei Delegirten-Versammlungen viel mehr als bei einer von der Nation gewählten Vertretung stattfinden würde, dieser Grund dürfte sehr einfach seyn. Die Delegirten würden gewählt von den Ständeversammlungen, sie würden dann nach einer einzigen Richtung hin gewählt; sie würden nicht von verschiedenen Wahlkörpern gewählt, welche auch in ihren politischen Ansichten verschieden seyn können; sie würden vielmehr in Preußen und in den nach Preußen gravitirenden Staaten alle ohne Ausnahme in kleindeutschem Sinne gewählt und es wäre die Chance der Erwählung einer in ihrer Mehrheit großdeutschen Versammlung, wie sie sich aus Volkswahlen ergeben kann, gar nicht denkbar.

Es ist daher, nach meiner Ansicht, eine große Gefahr bei der Institution der Delegirten-Versammlung vorhanden; denn grade jene Gegensätze, die man vermeiden will, deren Vermeidung auch so sehr zu wünschen ist, grade jene Gegensätze würden in einer Delegirtenversammlung, die von allen deutschen Staaten beschickt würde, am schärfsten hervortreten.

Dann aber, meine Herren! ist bereits von dem hochverehrten Herrn Vorredner in einer schlagenden Weise dargethan worden, daß eine Delegirten-Versammlung, die blos als berathender Körper berufen wäre, nicht mit jenem Gewicht in der Wagschale der Entscheidung wägen würde, wie eine von der Nation gewählte Vertretung.

Heinrich v. Gagern (unterbrechend): Ich muß gegen diesen Gedanken protestiren, denn habe ich nicht ausgesprochen.

Mohl (fortfahrend): Dann ist dies ein Mißverständniß; ich habe es so aufgefaßt, als habe Herr v. Gagern sagen wollen, daß eine Delegirten-Versammlung nicht das gleiche Gewicht haben würde in der öffentlichen Meinung und dem Bundesorgan gegenüber, wie eine von der Nation gewählte Vertretung. Jedenfalls ist dieß meine Anschauungsweise.

Ich komme nunmehr, meine Herren, zu der gesellschaftlichen Seite der Sache.

Die gesellschaftliche Seite der Sache beruht darauf, daß die Delegirten-Versammlung nothwendig aus den Stände-Versammlungen gewählt werden müßte, sowie sie zu der Zeit der Wahl bestehen. Sie würde also bis zu einer Revision der Bundesverfassung gewählt werden, aus den zwei Kammern, die in den meisten deutschen Staaten, jedenfalls in den großen und Mittelstaaten bestehen; die Kammer gewählt aus den Herrenhäusern, aus den Kammern der Standesherren, aus den Kammern der Abgeordneten und den Ständen, sowie z. B. in Mecklenburg, Württemberg u. a. m. darin vertreten sind. Und hier befinde ich mich nun allerdings in directem Widerspruche mit dem hochverehrten Herrn Vorredner. Ich glaube nämlich, daß der erste Anspruch, den die Menschenwürde, der die öffentliche Wohl und die Gerechtigkeit machen können, die Rechtsgleichheit vor dem Gesetze ist; (Bravo!) der erste Anspruch, meine Herren, ist deßhalb, daß man nicht zum Gesetzgeber geboren, sondern daß

3*

man zum Gesetzgeber nach seiner Würdigkeit bestimmt wird. (Bravo!) Meine Herren! Die bürgerliche Gesellschaft ist Selbstzweck, sie ist nicht vorhanden, weder für die Monarchie, für so nothwendig ich auch diese halte, noch für die Aristokratie, sie ist für die bürgerliche Gesellschaft selbst vorhanden und darin liegt der gerechte Anspruch, daß sie selbst durch ihre Organe, durch die Organe, die sie wählt, sich auch ihre Gesetze gebe. Damit ist ein System der Zwei-Kammern wohl verträglich, denn es können zwei Kammern ohne Vorrecht bestehen, sie können nach verschiedener Wahlart gewählt sein; aber was mit diesem natürlichen Anspruch nicht verträglich ist, das ist meiner Ansicht nach, daß ein gewisser Theil der Staatsbürger zum Gesetzgeber geboren wird, mag er nun dazu persönlich und individuell tauglich sein oder nicht, und mag er die Gesetze im allgemeinen Interesse, oder mag er sie im Interesse seines Standes geben.

Meine Herren, es ist eine Reihe von Verfassungen in Europa, welche an ihre Spitze den Satz greifelt: Alle Staatsbürger sind gleich vor dem Gesetze; tous les Français sont égaux devant la loi; tous les Belges sont égaux devant la loi; so hat auch die deutsche Nationalversammlung, als sie hier tagte, eine ähnliche Bestimmung gegeben. Ich glaube, sie hat ihr unter der Acclamation von ganz Deutschland gegeben, selbst jener Classen, welche seither ihre Meinungen geändert haben.

Es hat ein geistreicher Schriftsteller, ein hochbegabter Staatsmann, den ich im höchsten Grade ehre, dessen Schriften ich mit der größten Freude lese, weil sie die seltenste Begabung und die edelste Gesinnung vertreten, der aber auf einem anderen Standpunkte in dieser Beziehung steht, als ich, es hat dieser hochbegabte Staatsmann die Ansicht geäußert, daß die Aristokratie als Gesetzgeber mehr im öffentlichen Interesse handeln, mehr in öffentlichem Interesse Gesetze geben werde, als die aus der Masse des Volkes gewählten Gesetzgeber, als die (wenn ich so sagen darf, denn er hat sich dieses Ausdrucks nicht bedient), als die aus dem Flugsande der ganzen Volksmasse gewählten Gesetzgeber. Meine Herren, ich möchte fragen, ob diese Ansicht von der Geschichte überhaupt gerechtfertigt ist? Ob sie von der deutschen Geschichte gerechtfertigt ist, ob dieselbe lehrt, daß die Aristokratie besser für die Volks-Interessen gesorgt hat, als die Männer des Volks? Ich frage noch, meine Herren, wer hat denn das deutsche Reich von Karl dem Großen an verfürzt, wer hat denn den Zustand herbeigeführt, über dessen Heilung wir jetzt in Deutschland so oft vergeblich berathen; wer hat das deutsche Volk in den Zustande der Leibeigenschaft, des Feudalismus u. s. w. gebracht, die größtentheils erst im Jahre 1848 und durch andere Einflüsse ihre Endschaft erreicht haben? und um nicht so weit zurückzugehen, wer hat in den letzten 40 Jahren dem Fortschritt am meisten widerstanden? Waren es die Regierungen oder die von dem Volke gewählten Körperschaften? Nein, meine Herren, es waren — und ich glaube Sie werden mir darin Recht geben — es waren die Kammerhäuser, es waren die ersten Kammern, und ihr Widerstand wurde größtentheils erst im Jahre 1848 überwunden.

Bis jetzt, meine Herren, haben wir die Garantie für die Hoffnung, daß die Aristokratie besser als die vom Volk gewählten Männer für die Volksinteressen sorgen werden, in der deutschen Geschichte nicht begründet finden können. Und, meine Herren, wenn ich mich nach andern Ländern umsehe, so kann ich sie auch in anderen Ländern nicht begründet finden. Ich kann z. B., wenn ich die Verhältnisse von England ansehe, die man uns so oft als Muster anführt,

wenn ich die Verhältnisse Englands untersuche, so kann ich nur zu dem Schluß gelangen, daß die Verhältnisse Englands in vielfacher Hinsicht keineswegs solche sind, daß wir dieselben bei uns eingeführt wünschen könnten, und zwar hauptsächlich deswegen nicht, weil die dortigen aristokratischen Einrichtungen die Schattenseiten jenes Landes begründet haben. Ich erinnere nur daran, daß das Grundeigenthum daselbst in wenigen und immer wenigeren Händen sich befindet; daß daselbst die Classe, welche das Land im Schweiße ihres Antlitzes baut, größtentheils besitzlos ist und in der übelsten Lage sich befindet, und daß dieß ein Ergebniß der gesammten aristokratischen Einrichtungen und Gesetze des Landes ist. Meine Herren, ich glaube, wenn in einem Lande solche Verhältnisse sind, so sollte man diese aristokratische Verfassung nicht als ein Muster für uns betrachten.

Meine Herren! Es wäre etwas ganz Anderes, wenn nach dem Verlangen der Nationalvertretung vom Jahre 1848 eine Änderung in der Zusammensetzung der ersten Kammern und der Ständeversammlungen hervorgegangen wäre. Nur dann hätte unter dem gesellschaftlichen Gesichtspunkte die Wahl von Delegirten sein Bedenken. So aber glaube ich der Stimme von Tausenden und Millionen in Deutschland Ausdruck zu verleihen, wenn ich sage, daß die Schaffung einer ersten Kammer für ganz Deutschland aus den bevorrechteten Classen, daß ein solches neues großes Vorrecht der Aristokratie (denn das größte Vorrecht ist das Vorrecht, Gesetze zu geben) —, in Deutschland nur den peinlichsten Eindruck machen würde (Beifall), und daß der große politische Zweck, welchen die acht deutschen Regierungen haben, der Nation eine Versöhnung mit den Bundesverhältnissen zu bieten, dadurch vollkommen verfehlt würde.

Meine Herren! Nicht die Existenz des Bundestags war es, welche den Bundestag so unvollstümlich, so sehr unbeliebt gemacht hat; nicht die Existenz des Bundestags war es, sondern, daß dem Bundestage nicht eine Nationalvertretung gegenüber stand, daß die Regierungen die Dictatur über Deutschland durch den Bundestag ausgeübt haben. Lassen Sie dem Bundestag eine von der Nation gewählte Vertretung gegenübertreten, dann, meine Herren, wird die Versöhnung angebahnt sein. Wenn man aber eine Vertretung schafft, welche der deutschen Nation statt einer eigenen Vertretung eine Vertretung durch bevorrechtigte Stände gibt, so wird man der Nation sagen: Das heißt Einem statt Brod einen Stein bieten.

Meine Herren! Ich muß noch bemerken, daß ich nicht einmal das als richtig anerkennen kann, was man von einer hochgeachteten anderen Seite in Beziehung auf die vermeintlich gänzlich veränderte Sachlage bemerkt hat. Man hat gesagt: Alles, was gegen die Aristokratie gesprochen habe: die Gefälleverhältnisse, das Feudalwesen, die Patrimonialgerichtsbarkeit, alle diese Vorrechte sind zum größten Theile verschwunden. Meine Herren! Sie sind keineswegs überall verschwunden, und wo sie verschwunden sind, da werden sie zum Theil wieder angestrebt. (Nein! Nein!) Ich will Sie nur an Württemberg erinnern. (Unruhe im Saale.) Meine Herren! Man sagt mir Nein! Allerdings will man nicht wieder die Gefälle einführen, aber man greift die Ablösungsgesetze an, man will eine höhere Entschädigung haben. (Nein! Nein!) Nein, sagt man? Ist nicht in Württemberg der Ständeversammlung ein Gesetzentwurf vorgelegen, wonach klage des Adels am Bundestage eine Erhöhung der Ablösungsnormen stattfinden sollte? Für den Adel, die Kirche, Stiftungen und übrigen Privatberechtigungen eine Erhöhung um 43 Millionen Gulden. (Oh, Oh! Schluß! Schluß! Lärm.) Wie man widersprechen, kann, ist mir unbegreiflich.

Präsident: Die Versammlung hat den Schluß begehrt. Da die 10 Minuten, welche die Geschäftsordnung jedem Redner gestattet, überschritten sind, und es den Anschein hat, daß die Versammlung nicht geneigt ist, den Redner noch weiter anzuhören (Widerspruch), so muß ich darüber abstimmen lassen. — Ich ersuche also diejenigen Herren, welche dem Herrn M o h l noch das Wort gestatten wollen, sich zu erheben. (Majorität.)

Mohl fährt fort.

Meine Herren! Ich werde Ihre Nachsicht nicht mißbrauchen, ich wäre ohnehin zum Schlusse gereift. Ich habe gesagt, die Zustände sind keineswegs geordnet, so lange eine Klage aus einem deutschen Lande vorliegt, wo man das Ablösungsgesetz, wo man die Aufhebung der Vorrechte auf Grund von Artikel 14 der Bundesakte angreift, so lange ist dieß ganz gewiß richtig; und wenn in dieser Beziehung in Einem Staate eine Abänderung von Bundeswegen, sei es durch den Bundestag oder sei es durch das vorgeschlagene Bundesgericht geschaffen worden, so würden Sie finden, was auch in anderen Staaten, alsdann geschehen würde.

Meine Herren! Es war meine Absicht, mich an die Gesinnung gerade derjenigen Herren in dieser Versammlung, welche der Aristokratie angehören, zu wenden, sie zu bitten, daß sie sich gegen eine Einrichtung erklären möchten, welche nach meiner Ansicht den Rechten der Nation nicht entspricht; ich werde diese Bitte nach dem Vorangegangenen zu stellen mir nicht erlauben.

Ich möchte nur zwei Worte noch sagen über die Schwierigkeiten, welche man sich denkt hinsichtlich der Verhandlungen der obersten Bundesbehörde mit einer Versammlung, welche durch die Wahl der Nation zu Stande käme. Ich kann mir die Schwierigkeiten dieser Verhandlungen mit einer solchen Versammlung nicht größer denken, als die mit einer Delegirten-Versammlung. Meine Wünsche, oder vielmehr meine Hoffnungen in Beziehung auf das, was erreicht werden würde durch irgend welche nationale Vertretung, sind höchst bescheiden. Sie sind größtentheils negativer Art; sie bestehen größtentheils darin, daß von dem Bundestage ohne Zustimmung einer nationalen Vertretung auf dem Gebiete der deutschen Gesetzgebung nichts mehr geschehen würde, und daß das Bundesrecht von seinen Schlacken gereinigt würde.

Meine Herren! Ich glaube, wenn die deutschen Regierungen die Einberufung einer Nationalvertretung dem deutschen Volke bieten würden, so würde ihnen die öffentliche Meinung, es würde ihnen der Dank der Nation entgegenkommen, und es würde der große Zweck erreicht werden, den sie auf dem Weg, der vorgeschlagen ist, nicht erreichen werden. (Beifall.)

Präsident: Der Antrag von Herrn Mohl ist nicht von 30 Mitgliedern unterstützt; ich muß nun die Frage an die Versammlung stellen, ob Sie diesen Antrag, der Ihnen vertheilt worden ist, unterstützen wollen, und ersuche diejenigen, welche dieß wollen, sich zu erheben.

Der Antrag ist hinreichend unterstützt.

Ein weiterer Antrag ist eingegangen von Herrn Dr. Michelis. Er beantragt, daß zu der zweiten Position ein Zusatz gemacht werde und Ziffer 2 also laute:

„Diese Reform muß alle deutsche Staaten rc. Dergestalt, daß nur die deutschen Antheile der beiden deutschen Großstaaten den Bund als solchen constituiren; der Bund aber die Garantie des gegenwärtigen Besitzstandes aller deutschen Staaten übernimmt."

Ich gebe nun Herrn Michelis zur Begründung seines Antrags das Wort.

Dr. Michelis aus Münster: Meine Herren! Ich habe gestern bei der Vorberathung mein Bedenken gegen den zweiten Paragraphen geltend gemacht. Ich werde zwar, so kurz über diese Bedenken weggegangen, mir schienen sie aber so wesentlich in der Sache zu liegen, daß ich nicht umhin kann, sie jetzt hier wieder aufzunehmen. Ich werde in der Begründung aber sehr kurz sein. Nach meiner Ansicht ruht die ganze Wirksamkeit unseres Vereins eben auf dem moralischen Eindruck und zudem gehört es vor Allem, daß wir uns entschieden, bestimmt und klar ausdrücken.

Ich finde aber in dem zweiten Paragraphen eine wesentliche Unbestimmtheit.

Ich verkenne nicht, daß wahrscheinlich mit Rücksicht auf die Schwierigkeit, welche in der Sache liegt, der Paragraph so gefaßt ist, wie wir ihn jetzt sehen und ich würde es trotz meinem Bedenken unterlassen, sie geltend zu machen, wenn ich nicht glaubte, eben eine solche Fassung bieten zu können, welche diese Bedenken hebt.

Die Unbestimmtheit liegt in dem Ausdruck „deutschen Staaten".

Es ist ein factisch unbestimmter Ausdruck, denn kein Mensch von uns wird sagen, daß nicht Preußen, und daß nicht Oesterreich deutsche Staaten sind, wie sie jetzt bestehen. Kein Mensch aber kann leugnen, daß nicht sowohl Preußen, als Oesterreich für die außerdeutschen Elemente hat, welche jedoch zum ganzen Staat Preußen und zum ganzen Staat Oesterreich gehören, obgleich sie nicht deutsch sind. Dadurch kommt also der Bund in die Alternative, es sollen nur die deutschen Antheile den Bund constituiren, dann sind wir nach meiner Ansicht auf dem Weg, worauf jetzt Kleindeutschland gekommen ist, ganz und gar auf demselben Standpunkt, worauf jetzt Preußen, im Augenblick Kleindeutschland steht. Es ist der Standpunkt von Kleindeutschland und das ist im Grunde gar kein Deutschland mehr. Wollen wir auf der andern Seite sagen, es sollen die Staaten, wie sie sind, eintreten, so würden die außerdeutschen Antheile Preußens und Oesterreichs mit in den Bund genommen, und damit bitten wir eine Anforderung gemacht, die über die gegenwärtigen Zeitverhältnisse und über unsere Lage hinausgeht.

Ich sehe also eine wirkliche Ausgleichung dieser schwierigen Verhältnisse in der vier ausgesprochenen Auffassung, daß eben nur die deutschen Antheile der Staaten als solche den Bund constituiren, daß aber der Bund als Ganzes die außerdeutschen Antheile der Staaten garantire, dann sind wir, glaube ich, vor möglich schlimmen Folgen bewahrt, daß wir nicht noch einmal in die Lage kommen können, in welcher wir gewesen sind im Jahre 1859, daß es nicht mehr möglich wäre, daß ein einzelnes Glied des deutschen Besitzstandes angegriffen wird, und der übrige Theil des Bundes ruhig dabei zusieht, daß ein Glied verblutet und zu Grunde geht, wenn es möglich wäre; was aber nicht möglich ist. Ich weiß wohl, daß wir hier nichts zu bestimmen haben, wir haben hier eine Richtung auszusprechen und diese eine mit Entschiedenheit. (Bravo!)

Präsident: Wer den Antrag unterstützt, den bitte ich, sich zu erheben. —

Der Antrag ist unterstützt.

v. Wydenbrugk: Meine Herren! Ich spreche für den Antrag und wende mich deßhalb gegen die beiden von mir hochverehrten Herren Vorredner, Herrn v. Gagern und Herrn Moriz Mohl. Es versteht sich, daß ich mich nicht gegen den ganzen Inhalt ihrer Reden zu wenden habe, indem ich mit vielen Theilen derselben aufs Vollständigste einverstanden bin. Ehe ich auf einzelne Bemerkungen dieser verehrten Vorredner eingehe, erlauben Sie mir zu sagen, was ich überhaupt für möglich halte, in Deutschland zu erreichen auf dem Wege einer nationalen Volksvertretung; denn der erste Gesichtspunkt, den wir festhalten müssen, ist: was können wir erreichen? In der Beziehung, meine Herren, weichen nun meine Ansichten von beiden Vorrednern in einem Punkte ab. Wenn der schwache Keim, den wir jetzt in den Boden des deutschen Volkes durch eine Delegirtenversammlung zu legen denken, sich dereinst erweitert zu einer wirklichen deutschen Volksvertretung, wenn er sich zu einer deutschen Volksvertretung, hervorgegangen aus den deutschen Landtagen, erweitern würde, so würde eine solche Versammlung, meiner Ueberzeugung nach, eine entscheidende Mitwirkung haben können in Beziehung auf die Gesetzgebung, der Centralgewalt gegenüber, d. h. es würde nicht, wie früher es vorgekommen ist, ein für Deutschland gültiges Gesetz ohne Zustimmung einer Nationalvertretung gegeben werden können. Es würden also die Nachtheile hinwegfallen, welche wir in früherer Zeit in der Art der Karlsbader Beschlüsse gehabt haben und es würde auch der einzelne Landtag nicht mehr, wie in neuester Zeit, in die Lage kommen, wählen zu müssen, entweder ein Gesetz en bloc anzunehmen, wofür gar keine Berathung eines gesetzgebenden Körpers stattgefunden hat, einfach ja halb zu sagen, unter Verzicht auf jede nationale legislative Mitwirkung, oder das Ganze zu verwerfen und dadurch leichtfertig einen Riß in eine werthvolle Gemeinschaft zu machen. So weit, glaube ich, besteht kein Zweifel, daß man eine entscheidende Mitwirkung haben können von Seiten der Volksvertretung. Ich gehe einen Schritt weiter und komme auf den wichtigsten Punkt jeder deutschen Volksvertretung, in welchem wir eine Mitwirkung haben können. Ich meine das eigentlich Politische, die großen nationalen Lebensinteressen. Sie würden sich zu äußern haben über die höchsten Bedürfnisse der Nation in großen politischen Krisen. Darin sehe ich in Uebereinstimmung mit Hrn. v. Gagern das Größte und Wichtigste, was sie leisten kann. Dagegen ist es sehr zweifelhaft, wie weit eine deutsche Volksvertretung, sei es ein unmittelbar von dem Volk gewählter Reichstag, sei es ein von Seiten der Landtage gewählter Reichstag, in Beziehung auf die innere Gesetzgebung den einzelnen Ländern gegenüber geben wird, geben kann. Ich nehme sogar keinen Anstand, meine eigene Ansicht dahin auszusprechen, daß in einer Vereinigung, in welcher Oesterreich und Preußen zugleich Platz haben, nach dieser Seite hin ein unbedingtes Gesetzgebungsrecht nicht möglich sein wird. Deßhalb wird gleichwohl der Beschluß, eine Volksvertretung auch in dieser Richtung eine sehr große Bedeutung haben, und wesentlich dazu beitragen, zu erhalten Einheit in der Gesetzgebung herbeizuführen, soweit nicht die einzelnen Landesverhältnisse eine Abweichung nöthig machen. Ist aber eine Abweichung nothwendig, so erblicke ich darin auch kein Uebel größtes nicht, denn das Güter größtes ist nicht die formelle Rechtseinheit. Und wenn wir auch in dieser Beziehung eine Unvollkommenheit behalten werden, so ist ffse reichlich ausgeglichen dadurch, daß wir alle Glieder des Leibes der deutschen Nation verbunden haben; sie ist ferner reichlich ausgeglichen durch die großen Segnungen, welche unser autonomes Leben, welches unsere reiche lebensvolle Gliederung in Beziehung auf die Geistes- und Culturentwicklung gibt.

Nun, meine Herren, erlaube ich mir, — doch lassen Sie mich zuvor noch ein Anderes sagen. Es ist eine gewöhnliche Auffassung der Deligirten-Versammlung, auch wenn sie sich dereinst erweitert haben wird zu einem Reichstag für ganz Deutschland so zu sagen als ein pis aller zu betrachten, als ein armseliges Mittelding, was man so hinnehmen müsse, bis man das unmittelbar gewählte Parlament haben könne.

Ich bin entschieden anderer Ansicht. Ich halte die Wahlart aus den Landtagen heraus nicht blos für das, was im Augenblick allein möglich ist, sondern ich halte sie geradezu für das Richtigere und Bessere. Ich würde sie wählen, auch wenn ich das Eine oder das Andere haben könnte; ich würde sie deßhalb wählen, weil nach den Erfahrungen der Geschichte mir solche Wahlen bessere Resultate zu geben scheinen. Ich finde das z. B. durch den österreichischen Reichstag, verglichen mit dem frühern österreichischen Parlamente, auch in dem nordamerikanischen Senat im Vergleich zum Repräsentantenhaus auf das Klarste dargethan.

Ich glaube ferner, daß durch die unmittelbaren Wahlen das größte Bedenken, was überhaupt in einem Staatenverein vorkommen kann, nämlich ein unheilvoller Conflikt zwischen der unitarischen und föderalistischen Tendenz nicht nur nicht beseitigt, sondern wahrscheinlich herausfbeschworen wird. Hier handelt es sich um inhaltsschweren Thatsachen, von Thatsachen, die uns leider leicht Zustände herbeiführen könnten, wie diejenigen sind, an welchen gegenwärtig Amerika leidet. Auch dort ist das unvermittelte Verhältniß zwischen föderalistischer und unitarischer Tendenz der letzte Grund des furchtbaren Bürgerkriegs.

In ganz Deutschland, wo wir nicht sehr starke Gegensätze haben, wo wir nicht nur eine Menge kleine und Mittelstaaten, sondern auch zwei Großstaaten, mit großen eigenen Volksvertretungen haben, würde meiner festen Ueberzeugung nach. dieses Uebel nicht ausbleiben. Ich sage also, lieber etwas weniger formeller Einfluß, vielleicht etwas weniger formelle Rechtseinheit, und diese größte Gefahr verschwindet.

Wenn ich mich nun, nachdem ich diesen meinen Standpunkt im Allgemeinen Ihnen dargelegt habe, zu dem wende, was die Herren Vorredner gesagt haben, so komme ich zunächst zu der Behauptung des Herrn Moriz Mohl, daß den Vorschlägen, denen auch ich beigetreten bin, ein formelles Bedenken entgegenstehe. Es sei ja zu einer Aenderung des Bundesverhältnisses Einstimmigkeit erforderlich, eine solche also auch für die gegenwärtige Vereinigung der acht Regierungen nöthig. Meine Herren! Sie wissen, daß darüber ein Zweifel besteht, in welchem Sinne die Einstimmigkeit verlangt wird. Nach der einen Auffassung besagt das Erforderniß der Einstimmigkeit nur soviel, daß wenn sie nicht vorhanden ist, die andern, die nicht consentirenden nicht gebunden sind, dagegen aber für die consentirenden, die Einrichtung ins Leben treten kann. Nach der andern Auffassung ist bei einem Dissens überhaupt gar nichts zu Stande gekommen. Wie man aber darüber denken mag, ich glaube, daß dieses formelle Bedenken dem Vorgehen durchaus nicht hinderlich im Wege stehen kann, denn es ist selbst nur wieder eine formelle Frage, ob diese acht Regierungen ihrerseits sich unter einander vereinigen wollen, oder ob ihr Vorgehen auf der Grundlage eines Bundesbeschlusses geschieht; das eine führt zu demselben Ergebniß wie das andere; denn wenn die einzelnen Bundesregierungen für sich sich vereinigen, bleibt es jeder weiteren Staatsregierung überlassen, beizutreten. Bedenklich würde die Sache nur dann sein, wenn diese Vereinigung eingriffe in diejenigen Bestimmungen des Bundesvertrags, rücksichtlich welcher Mehrheitsbeschlüsse zulässig sind; das thut sie aber nicht und dadurch unterscheidet sich wesentlich diese Vereinigung von einer andern, von der Union, welche ganz besonders auf diejenigen Gegenstände der Bundesverfassung gerichtet war, in welchen Mehrheitsbeschlüsse zulässig sind.

Herr Mohl fragte ferner: würde denn nicht nach diesem Vorgange gerade das Uebel kommen, welches wir vermeiden wollen? Würden wir nicht in eine deutsche Volksvertretung den kleindeutschen Gedanken statt des großdeutschen bekommen? Ich glaube, meine Herren, in Wahrheit nur dann, wenn dieser kleindeutsche Gedanke wirklich in der deutschen Nation läge, was ich aber verneine. Eine gute Anordnung der Wahlen nach den Landtagen muß rücksichtlich der erwähnten Parteigruppirung im Ganzen dasselbe Ergebniß liefern, wie eine unmittelbare Wahl. Ueber die Einzelheiten eines solchen Wahlmodus erlaube ich mir nicht, mich hier zu äußern; allein es ist gewiß dem Herrn Vorredner selbst der schon oft erwähnte Vorschlag des englischen Publicisten Mille bekannt, der in dieser Beziehung sicher die größte Beachtung verdient.

Und nun, nachdem ich dieß vorausgeschickt, wende ich mich zu dem, was Herr M. Mohl über nur ebenso zarte, als hochwichtige politische Frage erwähnt hat, nämlich zu dem, was er die gesellschaftlichen Bedenken gegen den Antrag nannte. Herr Mohl stellt als oberstes Princip die Rechtsgleichheit der Menschen auf. Meine Herren, es gibt auch noch ein anderes sehr hohes Princip und das würde etwa so lauten: Man suche, wenn man Staatsverhältnisse zu ordnen hat, an der Hand der Erfahrung diejenigen Grundsätze, welche für das Recht, für die Wohlfahrt, für die Freiheit des Volkes sich allezeit am Ersprießlichsten bewiesen haben; (Bravo!) diesen soll man sich ohne Rückzicht auf ein einseitiges Princip ohne Rückhalt anschließen. (Sehr gut! Bravo!)

Es gibt keine moderne Gesellschaft ohne zu Tage, welche überhaupt zu einem höheren Grad der Entwicklung gekommen wäre, in welcher das demokratische Princip nicht eine Berechtigung hätte, allein es gibt auch keine, welche bei einem einseitigen Ueberwiegen dieses Elements zu wirklich gedeihlichen Zuständen kommen und dauernd bei denselben beharren wird. Jedes Princip, einseitig genommen, einseitig hingestellt, einseitig lange Zeit hindurch bewahrt, entartet zuletzt und führt zum Verderben. (Bravo!) Das monarchische, das aristokratische und das demokratische, darin sind sie alle gleich. Sie müssen sich gegenseitig halten, tragen und bedingen; dadurch schaffen sie erst die Gesundheit des öffentlichen Lebens. (Bravo!)

Das bloße Gegeneinanderstellen des demokratischen und des monarchischen Princips macht es nicht, dadurch bekommen wir etwas, wovon ich überzeugt bin, daß es Niemand weniger will, als Herr Mohl, dessen hohe Bildung ich ebenso sehr verehre, als seinen tiefen und durch deutschen Sinn. (Lebhafter Beifall.) Ich glaube aber, dadurch kämen wir schließlich doch nur zu französischen Zuständen. Ich will dadurch den hohen Eigenschaften des

französischen Volkes nicht entgegentreten, die erkenne ich auch an, so gut wie ich seine Fehler kenne; aber es hat die Natur und es hat die Vorsehung einem jeden Volke seine eignen Wege gewiesen, auf denen es sich dem höchsten Ziele der Menschheit entgegenbewegen soll. Das germanische Leben ist nicht das französische Leben, und wenn wir von jenem einseitigen französischen Princip aus operiren, so werden wir, wir mögen es wollen oder nicht, erlauben Sie mir den Ausdruck, der Affe eines andern Volkes, (Bravo!) und damit würden wir nicht das wahrhaft Menschenwürdige auf dem Wege nach dem höchsten Entwickelungsziele der Menschheit erreichen. (Bravo!)

Und nun, meine Herren, erlaube ich mir noch einige Bemerkungen gegenüber dem Mann, dessen Namen mit allem Deutschen und mit aller deutschen Entwickelung, mit der deutschen Frage so innig verwebt ist, daß es mir wirklich schwer wird, gegen ihn zu sprechen.

Abgesehen von einzelnen Gründen, glaube ich, geht das Hauptbedenken, welches derselbe gegen die von uns aufgestellten Anträge hat, dahin, daß demjenigen, was auf diesem Wege geschaffen wurde, keine Entwickelungsfähigkeit gegeben wäre, und dies aus einem doppelten Grunde. Einmal, weil die Delegirten-Versammlung ja doch nur ein consultatives Botum hätte; (ich verstehe dies den einzelnen Landtagen gegenüber); und zweitens, weil die Delegirten-Versammlung keine Befugniß hätte, sich in den großen nationalen Fragen zu äußern. Ja, meine Herren, das ist zum Theil vollkommen wahr. Niemand erkennt mehr an als ich, wie mangelhaft der erste Anfang ist, den wir machen; allein ich glaube denn doch, daß etwas Wesentliches dabei erreicht wird; wenn sie sich 150, oder wie viel es sein mögen, Vertreter der größeren Staaten Deutschlands vereinigt denken, Männer, die in jeder Weise das Vertrauen ihrer Länder und des Volkes besitzen, so liegt in der Thatsache dieser Vereinigung selbst etwas außerordentlich Bedeutendes. An dieser Stelle finde ich einen wesentlich verschiedenen Punkt unserer Auffassung. Diese Männer wären diesmal nicht bloß versammelt, um, wie gesagt wurde, Reden zu halten. Dies wären sie vielleicht in höherem Grade, wenn man ihnen den Beruf gäbe, eine Verfassung auszuarbeiten, wovon es nachher wieder fraglich würde, ob sie irgend eine Aussicht hätte, angenommen zu werden; oder ob sie als unvereinbar mit den nicht beachteten realen Verhältnissen, einfach auf dem Papier bliebe. Nein, dieses Mal wären sie dazu vereinigt, um für einen bestimmten practischen Zweck, der immerhin eine große Bedeutung für die deutschen Länder hätte, thätig zu sein, und in und mit und durch diese Thätigkeit würde sich auch ein höherer Einfluß allmälig entwickeln. Dieser mittelbare Einfluß ist eben derjenige, dem ich die höchste Bedeutung beilege.

In Bezug auf einzelne Gründe ist dann noch hervorgehoben worden, daß man auf diesem Wege nur zu einem Kammersysteme und nicht zu dem Zweikammersystem käme. Das Postulat des Zweikammersystems erkenne ich vollständig an, aber ich vermag nicht einzusehen, wie aus diesem Weg davon entfernen soll; ich glaube im Gegentheil, er zeigt uns sehr naturgemäß, wie man dahin kommen könnte, sobald nur vollständiger eine so große Zahl von Regierungen und Staaten sich vereinigt hat, daß die Sache practisch ausführbar ist. Bei weitem das Wichtigste scheint mir aber das zu sein, daß dieser Weg, der uns leichten, uns aus dem großen Dilemma herausbringt, welches Herr von Gagern durch die Stellung Preußens zu der

Reformfrage bezeichnet hat, oder ob er uns in eine schlimmere Lage versetzt. Ja, meine Herren, ich habe oft über diese Frage nachgedacht, und so oft ich darüber nachgedacht habe, habe ich denn doch immer kein anderes Ergebniß gefunden, als das: entweder muß man gar nichts thun und sich mit dem Fortbestehen des gegenwärtigen Zustandes einfach begnügen, oder man muß einen, wenn auch noch so mangelhaften Anfang machen; denn daß so ohne weiteres eine vollständige Vereinigung geschaffen werden könne, das vermag ich nicht einzusehen. Was uns eine Revolution möglicher Weise bringen könnte, das weiß ich nicht, aber es wird hier Niemand an eine solche Revolution denken; Herr v. Gagern ist gewiß am wenigsten der Ansicht, seine Combinationen auf die Möglichkeit oder die Wahrscheinlichkeit einer solchen Revolution zu gründen. Wenn wir also friedliche Zustände denken, so weiß ich nicht, was man sonst thun soll; man mag Bedenken gegen die Delegirten-Versammlung aufstellen, aber man sage uns etwas Besseres, einen besseren Anfang, der jetzt möglich wäre. Ich kenne keinen.

Und fragt man, wie denn endlich der Zwiespalt überwunden werden soll, welcher in der Stellung Preußens zu der Bundesreformfrage im Ganzen wurzelt, so besteht darüber kein Zweifel; wir können und wollen nicht in feindseliger Weise gegen Preußen vorgehen; wir sind alle so lebhaft durchdrungen, daß ohne Preußen ein Aufbau des deutschen nationalen Lebens nicht möglich ist, daß wir nur mit der größten Sehnsucht nach der Zeit bliden, wo Preußen auch seinerseits offen die Hand bietet. (Sehr gut!) Ich weiß aber auch nicht, wie Preußen durch das Inslebentreten einer Delegirten-Versammlung von seinem Anerbieten, eine nationale Vertretung herbeizuführen zu wollen, herausgedrängt werden soll. Warum soll es dadurch herausgedrängt werden, daß der Anfang einer Sache gemacht wird, die es selbst will?

Auch das wird Niemand Preußen zumuthen, daß es unbedingt zu dem zutreten soll, was begonnen ist, denn jederzeit, wo Preußen mit einem Antrage hervortritt, wird ihm dasjenige Gehör, die allseitige Beachtung, die Geneigtheit zu gegenseitigen Verhandlungen gegeben werden, was seiner Stellung angemessen ist. Es gibt überhaupt nur einen Weg der Einigung, das ist, daß allmälig in Preußen die Ueberzeugung reift, daß weder die einseitige Hegemonie möglich ist, die einseitige Ausbildung eines deutschen Bundesstaates, welcher einen Theil Deutschlands umfaßt, den übrigen Theil abschließt, und daß ebensowenig eine isolirte Stellung von Preußen auf die Dauer haltbar ist. Ich glaube aber, daß die Heranreifen dieser Erkenntniß durch den Schritt, den man jetzt thut, nicht erschwert wird, wenn man sich nur stets zugleich von der Gerechtigkeit dem anderen deutschen Großstaate gegenüber leiten läßt. (Lebhafter Beifall.)

v. Sornberg aus Carlsruhe: Meine Herren! Ich fühle sehr wohl, welches schwere Wagniß es ist, nach einer Reihe so ausgezeichneter Redner als ein Ihnen ganz Unbekannter auf diesen Platz zu treten. Es erschwert mir meine Absicht, aber es erleichtert sie mir auch, denn es zwingt mich, kurz zu fassen und einen einfachen Gedankengang zu geben. Dieser einfache Gedankengang, meine Herren, führt mich zu dem Resultate, daß die Delegirten-Versammlung nicht das ist, was den Bedürfnissen und den Gedanken, aus denen sie hervorgegangen ist, entspricht. Das Bedürfniß, welches die Regierungen gefühlt haben, eine Delegirten-Versammlung dem Volke zu bieten, ist hervorgegangen aus dem Drange der

Nation nach festerer Einigung ihrer Glieder unter einander. Dieser Gedanke des Bedürfnisses der Einigung des gesammten Deutschlands ist es, der uns auch bisher geführt hat. Dieser Gedanke ist aber hervorgegangen nicht aus den einzelnen Ständen, nicht von den Regierungen, nicht von den Fürsten; er ist aus der Gesammtheit der Nation entsprungen. Die Gesammtheit der Nation fühlt den Drang der Zusammengehörigkeit, die Gesammtheit der Nation will ihre Zusammengehörigkeit mehr und mehr ausgesprochen, mehr und mehr befestigt haben. Wenn ich mich nun frage, kann die Delegirten-Versammlung diesem Ausspruche, diesem Bedürfnisse entsprechen, so meine ich: Nein! Sie kann ihm deßwegen nicht entsprechen, weil die Delegirten-Versammlung nicht unmittelbar aus der Nation hervorgeht; sie geht hervor aus einer Combination der Volksvertretungen und der Regierungen. Die Fürsten, meine Herren, das kann von Ihnen Niemand läugnen, haben an und für sich ein Sonderinteresse. Ihre Sonderinteressen sind darauf begründet und damit bewiesen, daß, um dem Willen der Gesammtheit zu genügen, sie von ihren Vorrechten demnächst werden aufgeben müssen. Die Regierungen sind als solche nur ein Theil der Nation, sie sind die Beamten der Nation. Wer also berufen erscheint, dem Bedürfnisse Ausdruck zu geben, thut es nicht, sondern wird die Sonderinteressen vertreten. Dem Bedürfniß der Nation kann nur etwas entsprechen, was aus ihr selbst unmittelbar hervorgeht: eine Vertretung, die ihr näher steht, eine Vertretung, die ihr nicht erst in der dritten Generation angehört.

Wenn der geehrte Herr, der die Versammlung eröffnet hat, meinte, wir bedürften mehrerer Kräfte als andere Staaten, die unsere Nachbarn sind und die concentrirter sind, so frage ich, ob, wenn wir uns mehr concentriren, wir dann nicht mit geringeren Kräften auskommen können und ob mit der Kräfte, die wir gewinnen, wenn wir concentrirter sind, nicht sonst recht nützlich verwenden können? Das, meine Herren, ist meine kurze Meinung gegen die Delegirten-Versammlung.

Kuhn aus Tübingen: Meine Herren! Unter allen politischen Partheien dieser Versammlung herrscht darüber unzweifelhaft vollkommene Uebereinstimmung, daß das deutsche Bundesverhältniß erhalten werden muß, und nicht minder darüber, daß eine Reform der deutschen Bundesverfassung dringendes und unabweisbares Bedürfniß ist. Niemand, meine Herren, läugnet des Bedürfniß des deutschen Staatsbürgers. Allgemein ist daher auch das Bewußtsein, das Gefühl und das Bedürfniß der Heilung dieser Schäden. Dieses Bedürfniß ist nicht blos auf Seite des Volkes erkannt, sondern ebenso lebendig auch von Seite der Regierungen gefühlt. Aber wie diese Heilung zu geschehen habe und worin sie bestehen soll, darüber gehen die Meinungen und die Wege sehr weit auseinander. Während die Einen mit einem Schritt zum Ziele gelangen wollen und eine heroische radikale Heilkur verfolgen oder versuchen, gehen die Meisten, auch zu diesen zähle auch ich, mich, den Weg der Reform, der stetig schrittweise vorschreitenden Reform. Von der Erkenntniß durchdrungen, daß etwas geschehen müsse, haben 8 deutsche Regierungen das bekannte Delegirtenprojekt am Bunde eingebracht und damit ausgesprochen, daß sie unter dem Beirath von Volksvertretern gemeinnützige Gesetze zu Stande bringen wollen. In dieser Rücksicht ist das Projekt beachtenswerth. Unter dem Gesichtspunkt hingegen, des allgemeinen nationalen Wunsches und Bedürfnisses nach Reform ist es unzulänglich und fällt nicht in das Gewicht. Dieses Projekt ist nicht geeignet, Propaganda zu machen, weder in der öffentlichen Meinung, noch bei den widerstrebenden Regierungen, schon deßhalb nicht, weil diesen letzteren der Einwand bleibt, daß es den nationalen Wünschen und Bedürfnissen nicht entgegen kommt. Eine reelle Reform, ein Anfang und nicht blos ein Anlauf dazu ist nothwendig. Dieser Schritt empfiehlt sich schon in der zuletzt bezeichneten Rücksicht; denn einer solchen reellen Reform, wenn sie von einigen deutschen Regierungen in die Hand genommen wird, vermöchten die übrigen, bis jetzt widerstrebenden Regierungen auf die Dauer nicht zu widerstehen und die an ihrer Spitze stehende vermöchte dieß am wenigsten, weil sie selbst die Instanz des nationalen Wunsches und Bedürfnisses gegen das Delegirtenprojekt angerufen hat. Auch die partikularen Volksvertretungen vermöchten einem reellen Anfang wirklicher Reformen nicht zu widerstehen.

Ein lebenskräftiger Anfang zu einer Bundesreform ist meines Erachtens erst dann gemacht, wenn der Delegirtenversammlung constitutionelle Befugnisse eingeräumt werden, wenn die Regierungen erklären, daß sie entschlossen seien, das Gesetzgebungsrecht am Bunde mit der Volksvertretung zu theilen.

In diesem Sinne schließe ich mich dem uns vorliegenden Antrag an. Ich könnte zwar wünschen, daß mein Bedenken auf eine bestimmtere, unzweideutigere Weise darin ausgesprochen sein möchte, und ich könnte mich deßhalb aufgefordert fühlen, einen dahingehenden Antrag zu stellen; allein ich thue es nicht, weil ich keinen Zankapfel in diese Versammlung werfen will, deren ganze Wirksamkeit auf der Einmüthigkeit Ihrer Beschlüsse beruht und durch sie bedingt ist. (Bravo.) Ich brauche es auch nicht zu thun, denn ich habe die lebendigste Ueberzeugung, daß die Grundlagen des deutschen Programms, die Behauptung, daß das Bundesverhältniß erhalten werden muß und daß eine Reform der Bundesverfassung nothwendig sei, von selbst zu dem Schritt führen, den ich als den rechten Anfang der Reform bezeichnet habe. Ich thue es auch deßhalb nicht, und gehe überhaupt nicht auf eine nähere Erörterung der Art und Weise der Ausführung, der Schwierigkeiten, welche ihr entgegentreten und wie sie zu besiegen wären, ein, weil ich einer Versammlung, die kein Mandat und keine Autorität hat, nicht Anlaß geben möchte zu dem, was man Constitutionsmacherei genannt hat. Das Vorgehen in dieser Richtung hat unsere politischen Versammlungen im Auslande in großen Mißcredit gebracht (Sehr gut!) und ich sehe darin einen wirklichen Abweg, vor dem ich warnen möchte.

Dr. Mack aus Stuttgart: An der Hand der gegebenen Verhältnisse und nach dem gegebenen Zustande habe ich mir ein Urtheil über den Antrag auf eine Delegirten-Versammlung, wie er uns vorliegt, zu bilden versucht und das Ergebniß meiner Erwägung ist gewesen, daß, da jeder Antrag auf die deutsche Reform sich zunächst nach seiner Durchführbarkeit prüfen läßt, dieser Antrag soviel Schwierigkeiten in den gegebenen Verhältnissen, in den bestehenden Zuständen habe, daß eine raschere Form der deutschen Bundeseinrichtungen, deren gründliches und unabweisbares Bedürfniß von uns allseitig anerkannt ist, durch die Delegirten-Versammlung, sei sie auch nur als Ausgangspunkt gemeint, nicht herbeizuführen sei. Die gegebenen Verhältnisse, das sind die deutschen Regierungen, das sind die Kammern in den deutschen Particular-Staaten, das ist das deutsche politische Gemein-Bewußtsein. Was nun die Regierungen anbelangt, so ist nicht abzusehen, wie ich glaube, daß und wann die den

Ministerial-Conferenzen, aus deren Berathungen der Antrag hervorgegangen ist, ferngebliebenen Regierungen diesen Antrag auf eine Delegirten-Versammlung sich aneignen werden. Noch schwerer wiegt mir der Zweifel, ob nicht alle Landesvertretungen der deutschen Staaten, sondern ob auch nur alle Landesvertretungen in Staaten, die bei den Ministerconferenzen vertreten, sich bereit finden, ja, daß sie nach dem Verfassungsrecht der Staaten und nach dem Mandate, mit welchem sie in die Landesvertretungen getreten sind und sich darin befinden, sich für befugt halten dürfen, eine Absendung von Kammerboten an den Bundestag zu erlauben. Um so nothwendiger ist es, daß das deutsch-politische Gemein-Bewußtsein sich für die Einrichtung entscheide, durch welche, wenn auch nur der Anfang zu einer bundesbefriedigenden Reform der deutschen Bundesverfassung anknüpfen ließe. Aber nach den bisherigen Wahrnehmungen ist nirgends ein auch nur irgend hinreichender Grund zur Annahme, daß der Antrag auf die Delegirten-Versammlung, wie er vorliegt und begründet ist, das gemeindeutsche Bewußtsein so anregen und die Bestrebungen desselben so auf sich hinlenken würde, daß die Kundgebung desselben, die Kammern oder das Volk der Regierungen bestimmen würde, um sich für die Annahme des Antrags einer Delegirten-Versammlung zu entscheiden.

Meine Herren! Keiner von uns versagt Keinem das Zeugniß, daß alle Mitglieder dieser ansehnlichen Versammlung Großdeutsche, lassen Sie mich lieber sagen, Gesammtdeutsche, gesinnt sei, aber das Mißliche, was einer so großen Versammlung begegnen könnte, das Gefährliche, was namentlich einer großdeutschen Versammlung zustoßen könnte, wäre, daß, wenn man uns das Zeugniß geben würde, daß wir eine deutsche Reform gewollt, aber gleich beim ersten Schritt, den wir gethan, unmöglich gemacht haben. Aus diesem Grunde bin ich dem Antrage auf eine Delegirten-Versammlung entgegengetreten, in diesem Sinn habe ich den Wohl'schen Antrag unterstützt und unterzeichnet. (Beifall.)

Freiherr v. Rössing aus Hannover: Meine Herren! Ich habe mich zum Worte gemeldet, um für den von der gestern stattgefundenen vorberathenden Versammlung eingebrachten Antrag zu sprechen.

Ich würde, glaube ich, auf das Wort verzichten können, wenn ich mich erinnere an die ausführlichen und geistreichen Vorträge des Herrn Staatsraths v. Wydenbrugk, und an die herzlichen Ermahnungen zur Einmüthigkeit in diesem Punkte des Herrn Professors Kuhn; es ist damit Alles gesagt, was für diesen Antrag gesagt werden kann, ich wünsche aber auch, daß sich nicht für die Verbesserungsanträge, sondern eine Einmüthigkeit für den eingebrachten Antrag erzeuge und eine Einmüthigkeit, meine Herren! Auf Einstimmigkeit lege ich keinen Werth. Eine Einstimmigkeit wird so oft als vorhanden ausposaunt, weil eben Niemand da war, der zu widersprechen wagte oder dem zu widersprechen könnte.

Wir sind hier in der glücklichen Lage, eine solche Einstimmigkeit gewiß nicht haben zu werden. Es ist hier Widerspruch. Es ist hier großer Widerspruch. Wenn trotzdem, wie ich hoffe, die große Majorität sich für den, ich ihn so zu benennen, Ausschußantrag erklären wird, so ist das und wird das sein, eine Einmüthigkeit, weit besser und weit werthvoller, als eine Einstimmigkeit, wo Niemand widersprochen hatte.

Ich, meines Orts will nicht unternehmen, die Gegenanträge hier zu besprechen und zu beleuchten; ich muß mir nur erlauben, in Beziehung auf die Anträge der Herren

4

Wohl und die Motivirung derselben einige Bemerkungen zu machen.

Die wesentlichsten Bedenken, welche dieser sehr geehrte Herr gegen die Delegirtenversammlung vorgebracht hat, sind diejenigen, die er aus der gesellschaftlichen Stellung einer solchen Delegirtenversammlung hergenommen hat; er hält dafür, daß, wenn unsere einzelnen Ständekammern der deutschen Länder Abgeordnete zu einer gemeinsamen Versammlung hinschickten, eine zu große Anzahl von Personen sich darunter befinden wird, die, wie er dafür hält, gesellschaftlich bevorrechtete Stellung noch immer bekleiden. Er hält dafür, daß eine Versammlung, die aber so wichtige und entscheidende allgemeine deutsche Interessen zu berathen haben würde, wie auch nach meinem Wunsche die Delegirtenversammlung im Laufe der Zeit sie erhalten wird, gewählt sein soll aus dem gesammten deutschen Volk, durch vielleicht directe Wahlen durch Jeden, Mann für Mann, und daß alsdann von dem Vorrechte des einen oder des andern Mitgliedes der Stände nicht die Rede sein wird. Diese Ansicht läuft der meinigen schnurstracks entgegen; ich bin im Gegentheil der Meinung, daß eine solche Einrichtung eine Bevorrechtung der nichtbesitzenden Stände den besitzenden gegenüber enthalten würde und eine Bevorrechtung, die durch die große Zahl der Köpfe, durch die Kraft der Arme und durch die Kraft der Lunge zur Geltung gebracht werden würde, bei welcher aber von Kraft des Geistes vermuthlich sehr wenig würde verspürt werden. Ich will nicht, daß der Besitzlose oder der Wenigbesitzende rechtlos sei, ich will, daß er eben so Recht besitzend sei als der Reiche und Vornehme; sein Recht soll geschützt werden, es soll aber auch das Recht des Andern geschützt sein.

Aus diesen Gründen kann ich nicht dafür halten, daß in dieser gesellschaftlichen Verschiedenheit der verschiedenen Deutschen, die man übrigens nicht in Deutschland allein, sondern merkwürdigerweise in der ganzen Welt findet, ein Grund hergenommen werden könne gegen die Delegirtenversammlung und für die Nationalversammlung aus directen Wahlen zu stimmen.

Der geehrte Herr scheint ganz besonders die Verhältnisse in seinem engeren Vaterland vor Augen gehabt zu haben. Er hat nicht undeutlich dem württembergischen Adel den Vorwurf gemacht, als ob ihm nach fremdem Gut gelüste; ich bin kein Württemberger, aber ich bin ein Edelmann und ich weiß, daß dem rechten Edelmann nicht nach fremdem Gut gelüstet, daß er aber sein Eigenthum zu vertheidigen stets bereit ist.

Es gibt Ablösungsverordnungen verschiedener Art. Ob sie in der Ungunst der Zeiten, oder in der Gunst der Zeiten gemacht worden sind, das spricht sich in solchen Verordnungen, wie in jedem Gesetze aus; es gibt Staaten, wo man durch die Ablösungsverordnungen das Eigenthum derjenigen verletzt hat, gegen welche abgelöst wurde, es gibt andere Staaten, wo man den Eigenthumsansprüchen gerecht geworden ist; bei uns in Hannover ist man gerecht geworden den Eigenthumsansprüchen derjenigen, die ihr Eigenthum zu gemeinem Besten und zur Hebung des nationalen Wohlstandes hergeben sollten.

Wie die Verhältnisse in Württemberg stehen, kann ich nicht wissen, allein wenn sie so stehen sollten, daß durch die Ungunst der Zeiten man dort Ablösungsverordnungen hingestellt hat, die das Eigenthum verkürzen, sie auf die Hälfte oder mehr oder weniger herabdrückte, so sehe ich in der That nicht ein, wie man sagen kann, als gelüste Je-

mand nach fremdem Gut, wenn er sich bemüht, mit gesetzlichen Mitteln und auf gesetzlichen Wege diesen Uebelstand zu beseitigen. Ich glaube, daß die Motive, die dem geehrten Antragsteller in dieser Beziehung zu Grunde gelegen haben, in seinem Antrage keine Berechtigung finden, weder im Allgemeinen, noch so viel mir bekannt, in den besonderen Verhältnissen seines Vaterlandes.

Ich empfehle Ihnen, meine Herren, den Antrag, der Ihnen gedruckt vorliegt, den Antrag der vorberathenden Versammlung zu möglichst einmüthiger Annahme.

Bayrhammer aus Ellwangen: Meine Herren! Die Frage, welche uns hauptsächlich beschäftigt, ist Ihnen bekannt; es handelt sich darum, ob wir den Antrag, welcher von den acht Regierungen ausgegangen ist, eine Delegirtenversammlung bei dem Bunde einzuführen, annehmen sollen oder nicht.

Meine Herren! Sie haben aus unserm Antrage vernommen, daß ich gegen diesen Antrag sprechen werde, daß ich mit Herrn Mohl und seinen Freunden darüber einverstanden bin, es sei besser für unsere Verhältnisse ein Parlament bei dem Bunde einzuberufen anstatt einer Delegirtenversammlung.

Meine Herren! Was hat uns denn eigentlich hierher geführt? Was hat denn die Regierungen veranlaßt, gerade in der Jetztzeit einen Antrag auf eine Delegirtenversammlung zu stellen? So gewichtige Anträge, wie sie hier von den Regierungen ausgegangen sind, und wie sie heute besprochen, werden in der Regel nur dann gestellt, wenn die Zeitumstände dazu drängen. Die Ereignisse, die uns heute hierher geführt haben, geben uns das Recht, uns nach einer doppelten Richtung hin auszusprechen und zwar in unserer Eigenschaft als Gesammt- oder Großdeutsche und dann über das Bedürfniß der Nation nach einer nationalen Vertretung am Bunde, über die Bundesreform selbst.

Diese beiden Gedanken sind es, welche eben so gut eine gegebene Macht sind, eben so gut den „gegebenen Verhältnissen" angehören, wie die bestehenden Regierungen, wie unser Föderativsystem, auf welchem bisher unser gemeinsamer Staatsverband beruhte.

Meine Herren! Wenn dieser Satz richtig ist, daß ein dringendes Bedürfniß vorliegt, und hierüber sind wir einig, wenn ein dringendes Bedürfniß vorliegt, daß die deutsche Nation bei dem deutschen Bund, oder der deutschen Centralregierung vertreten sei, so müssen die Zeitumstände wirklich gefährliche sein und Sie wissen Alle, daß Wolken am politischen Himmel sind, die sich schwerlich verziehen werden, die den Gesammtbestand des Vaterlandes bedrohen, so bedeutend gefährden, daß es nöthig war, hierher zu kommen, daß es nöthig war, hier einen Verein zu constituiren, daß es nöthig war, mit ganzer Kraft sich zu einigen, um eine Zersplitterung Deutschlands zu verhüten. Ich glaube darum auch, meine Herren, daß man sich entschieden aussprüche, was man unter diesem „Gesammt-Deutsch" oder „Groß-Deutsch" zu verstehen hat, was der große deutsche Verein will; deßhalb haben wir in dem Antrag, den Herr Mohl und seine Freunde gestellt haben, den ersten Satz eingefügt, daß weder eine definitive, noch eine provisorische Einigung Deutschlands stattfinden dürfe, so lange nicht Oesterreich, (es versteht sich, daß dabei beurtheilt und eingeschlossen sei. Sie wissen, meine Herren, daß dieser Satz die Spitze unserer großdeutschen Richtung enthält und daß es nöthig ist, einer andern Ansicht gegenüber diesen Satz auszusprechen, denn gerade das ist das charakteristische Merkmal, welches uns von Denjenigen unverschreibet, die nicht hierher gekommen sind und die unsere Versammlung durch ihre uns verderblich erscheinende Anschauungen veranlaßten.

Meine Herren! In diesem einen Punkte werden wir einig sein, wenn wir auch darüber uneinig sind, ob es besser ist, eine Delegirtenversammlung ins Leben zu rufen, soweit dieß an uns liegt, oder ein Parlament; aber diese Einigkeit wird und muß uns begleiten, wenn unser Hiersein nicht umsonst gewesen sein soll; dieser Geist muß uns beleben bei der Debatte und ich unterlasse es, auf die Gesichtspunkte, auf die bisher mannigfach zu Tag getretenen Differenzen näher einzugehen, welche mehr oder weniger bei Beurtheilung der Frage über Parlament oder Delegirtenversammlung maßgebend sein könnten, die aber, meines Erachtens, unsere Einmüthigkeit nicht stören können und sollen. Deßhalb bin ich mit denjenigen Rednern einverstanden, welche nicht zu sehr in das Detail eingehen; allein, meine Herren, wir haben uns doch trotzdem gegenseitig auseinanderzusetzen, wir haben uns auszusprechen und es ist gut und ich zweifle nicht daran, daß es sogar nothwendig ist, wenn verschiedene Meinungen in den großdeutschen Kreisen sich geltend machen, sie unumwunden auszusprechen, um sich sodann um so leichter zu verständigen. Sie wissen Alle, meine Herren, daß der heutigen Versammlung der Vorwurf der Einseitigkeit gemacht wurde; ich will diese Anschuldigungen nicht wiederholen; aber dadurch, daß wir unsere verschiedenen Ansichten aussprechen, und es mit Maß und Ziel thun, dadurch rechtfertigen wir unser eigenes Programm, rechtfertigen unsere Gegenwart und weisen den Vorwurf der Einseitigkeit, der uns gemacht wird, zurück als nichtig und als ungerecht. (Beifall.)

Meine Herren! Ueber die Gegensätze, die wir erlebt haben in unserer deutschen Geschichte, die viel trauriger als die heute sind, über diese Gegensätze müssen wir hinauskommen und uns vereinigen; wir müssen Opfer bringen, darüber kann kein Zweifel sein, es mag Jemand eine Ansicht haben, wie er will, und noch so gründlich von derselben durchdrungen sein; wir leben unter einander, wir sind auf einander angewiesen, die Regierung auf uns, das Volk auf die Regierung. (Sehr gut! Beifall.)

Meine Herren! Wenn wir auch die Ansicht haben, daß ein Parlament für unsre deutschen Zustände besser ist als eine Delegirtenversammlung, so folgt daraus noch nicht, daß wir uns in einem untrennbaren Widerspruche mit der Mehrzahl dieser Versammlung befänden, indem auch ich die Ueberzeugung habe, daß, obwohl die Mehrzahl dieser Versammlung sich für eine Delegirtenversammlung ausspricht, sie doch in der Grundrichtung ihrer Anschauung sowohl was die Integrität Deutschlands als die Reform des Bundes durch eine mit constitutionellen Befugnissen ausgestattete Volksvertretung an demselben betrifft, mit mir und meinen Gesinnungsgenossen einverstanden ist.

Meine Herren! Wenn wir dieser Ansicht nicht gehuldigt hätten und darin nicht gehabt hätten, so wären wir auch nicht hierher gekommen. (Beifall.) Allein ich glaube, meine Herren, mögen wir der einen oder andern in diesem Saale ausgesprochenen Ansichten huldigen, wenn es sich um das Interesse der deutschen Nation handelt, wenn es sich darum handelt, eine nationale Partei zu constituiren, wenn es sich darum handelt, diese nationalen Gedanken bis in die weitesten Schichten der Bevölkerung zu verbreiten, wenn es sich darum handelt, eine solche Partei zu gründen, einen solchen Verein zu constituiren, der diesen Gedanken in dem Volke zu erhalten und wachsen zu machen sich bestrebt, ich

sage, dann müssen jene Gegensätze sich vertragen, dann müssen wir uns alle die Bruderhand reichen, weil wir ein großes gemeinsames Ziel verfolgen. Das ist die Freiheit und die Einheit Deutschlands, die wir ja Alle wollen. (Stürmischer Beifall.)

Meine Herren! Ich habe gesagt, die Freiheit und die Einheit der deutschen Nation; man glaube nur ja nicht, daß eine nationale Bewegung heraufbeschworen werden könne, daß eine nationale Einigung stattfinden könne ohne die Freiheit, ohne die wahre Freiheit.

Alle großen Bewegungen, alle Einigungen der Völker, alle großen Umwälzungen von Staaten und Völkern, alle diese haben große Veränderungen auch in ihren freiheitlichen Zuständen herbeigeführt; auch die großen Bewegungen unserer Gegenwart, auch die heutige Versammlung, die heutigen Anträge und die Reformvorschläge, welche die deutsche Nation abermals in so hohem Grade bewegen, auch sie werden nicht spurlos vorübergehen.

Meine Herren! Die Bewegung ist im Wachsen, aber die Gefahr von außen ist noch viel stärker und der Druck, der von außen kommt, der wird und muß uns einigen, wenn wir auch nicht wollten. Dieser Druck hat es gemacht, daß die Regierungen Delegirte vorschlugen; dieser Druck hat bewirkt, daß wir hieher kamen, dieser Druck wird uns einig erhalten, heute und auch in der Zukunft.

Ich muß nun aber, meine Herren, auf die unter uns noch unentschiedene Frage, ob Parlament, ob Delegirtenversammlung kommen, damit ich nicht in den Fehler verfalle, den Gegensatz, der unter uns herrscht, ganz zu übergehen.

Meine Herren! Es ist bereits von einem hochverehrten Vorredner der mit viel besser ausgeführt worden, als ich es sagen kann; aber der Gedanke hat mich hauptsächlich bei der Entscheidung für das Parlament geleitet: der Gedanke, der theilweise auch schon getadelt worden ist, daß die deutsche Nation, um ihren Einheitsbestrebungen eine sichere Grundlage zu geben, ein Parlament schaffen müsse, indem bei den bestehenden Verhältnissen blos in diesem der Trieb nach Einheit und Freiheit befriedigt werden könne.

Meine Herren! Ohne Zweifel sind diejenigen Herren, welche für eine Delegirtenversammlung sprachen, davon ausgegangen, daß die partikularistischen Interessen vor Allem auch ihre Berechtigung haben und daß diese in der Delegirtenversammlung neben der Einheit ihren Ausdruck finden werden. Meine Herren, in dem ersten Satz unseres Antrags haben wir diesen berechtigten Interessen Geltung und Ausdruck verliehen. Wir stehen hier auf vollständig gemeinsamem Boden; ich glaube, ausdrücklich bemerken zu müssen, daß ich keiner Consfuirirung Deutschlands nach französischem Muster zugeneigt bin und finde dieß auch nicht in einem Parlamente, wie dieß irriger Weise schon hier bemerkt wurde. Ich spreche vielmehr hauptsächlich deßhalb für ein Parlament, weil in dem Parlament meines Bedünkens allein die Garantien liegen, welche uns die Einheit neben der Freiheit gewährleisten können. Wir kennen die Schwierigkeiten, welche der Einigung des deutschen Volkes und den Staaten im Wege liegen, alle nur zu genau, sie liegen in der Uneinigkeit und in den widerstreitenden Interessen der Regierungen. Wir haben heutzutage so schlagende Beispiele von diesen Gegensätzen in Groß- und Klein-Deutsch, daß darüber ein Wort weiter zu sprechen gewiß überflüssig wäre. Weder in der Centralgewalt, in der Exekutive, noch in dem Staatenhaus, werden wir die Garantie für eine feste Einheit bei den bestehenden Verhältnissen finden,

4*

wenn wir sie nicht erst bei uns in dem Parlament finden. (Sehr wahr!)

Eben weil der Druck drohender Gefahren von Außen noch nicht so stark geworden ist, daß wir zu einer einheitlichen Spitze gelangen können, eben deßhalb lege ich für die einheitliche Entwicklung Deutschlands den Schwerpunkt in das Parlament und weil dieses zugleich auch dem föderativen Charakter unserer Verhältnisse am besten entspricht. Ich gehe von den gegebenen, von den wirklich bestehenden ganz klaren Verhältnissen aus, wenn ich sage, wie diese vorhin von einem hochverehrten Redner schon besser bemerkt und begründet werden ist, die Executive werde sich allem Anscheine nach collegialisch gestalten. Meine Herren, wenn man ein Parlament will, so versteht es sich von selbst, daß man auch ein Oberhaus nöthig hat. Dieses Oberhaus muß deßhalb vorhanden sein, weil wir aus dem Staatenbund, in dem wir uns seit 1815 befinden, in einen deutschen Bundesstaat und nicht in einen Einheitsstaat, besonders nicht nach dem Vorbilde Piemonts übergehen wollen. (Beifall.)

Meine Herren! Wenn wir auf diesen föderalistischen Grundlagen stehen wollen, dann müssen wir ein Parlament haben, wir müssen es deßhalb haben, weil vor Allem in dem Oberhaus, wie dieß meine Ansicht ist, die partikulären Interessen ihre Vertretung finden müssen, neben den aristokratischen; hier können Sie Ihre Interessen finden, und meine Herren, Sie werden sie auch dort finden. Das ist ja eben der Fehler der Bewegung des Jahres achtundvierzig gewesen, daß das erste Parlament der deutschen Nation allein stand als constituirende Versammlung, deßhalb, weil es wirklich factisch einige Zeit lang die Gewalt allein hatte, und weil keine andere Gewalt ihm gegenüber stand, die die einzelnen Stämme und Staaten in ihrer individuellen Berechtigung vertreten hatten, weil dieses Verhältniß damals nicht vorhanden war, oder weil es im Sturm der Zeit nicht beachtet werden konnte, darum scheiterte das erste deutsche Parlament, weil es deßhalb, weil es ein Parlament war. (Bravo.)

Der Gegensatz unter uns liegt also nicht in der Gefahr der Unification durch ein Parlament, noch in der Ansicht, daß das Parlament eine absolut bessere Vertretung für uns sei, als die Delegirten-Versammlung, sondern der Gegensatz liegt darin, daß bei den bestehenden Verhältnissen, und ich glaube, das sollte ein starker Grund sein, wenn wir die Einheit begründen wollen, wir dieselbe nur auf parlamentarischem Wege, in einem Parlamente mit Ober- und Unterhaus begründen, indem blos in dem Volkshaus dieser Reichsvertretung der einheitliche Gedanke seinen ungeschmälerten Ausdruck finden kann und nur so werden wir dazu gelangen. Es wurde zwar von einem ausgezeichneten Redner dieser Versammlung auf den gegenwärtigen amerikanischen Krieg als einen Grund gegen das Parlament hingewiesen, und der Einwand, der wirklich nicht ganz unbegründet ist, gemacht, daß man auf dem Wege des Parlaments auf die abschüssige Bahn des absoluten Einheitsstaats gerathe und dabin gerathe, vor dem ich so eben gewarnt habe, nämlich auf die Unification nach französischem Vorbild, die der deutschen Nation so sehr widerspreche und an der die französische Nation so sehr und schon so lange leidet, — wollen wir das vermeiden, nun so bleibt nichts übrig, als das Parlament zu wünschen, sich dafür auszusprechen; und wir stehen dabei so gut auf dem Standpunkte der Reform, als diejenigen, welche sich für die Delegirten-Versammlung aussprechen.

Die deutschen Regierungen haben uns ihr Programm, ihre Anschauungen kundgegeben, die deutsche Nation und ihre Vertreter werden darauf antworten, sie werden verschieden antworten, meine Herren, und weil sie verschieden antworten, weil unter den Großdeutschen verschiedene Ansichten herrschen, darum muß auch diese Ansicht geäußert, vertreten und vertheidigt werden.

Ich kann mich nunmehr zum Schlusse wenden; ich würde die Geduld der Versammlung ermüden, wollte ich weiter darauf eingehen. Ich will nur noch besonders hervorheben, was ich bereits bemerkte, daß die heutigen amerikanischen Zustände keinen Beweis dafür abgeben, daß ein Parlament der Grund zu künftigen Zerwürfnissen in Deutschland werden würde und zwar deßhalb, weil ich die Ansicht habe, daß der amerikanische Krieg aus einer socialen Krise neben einer politischen Nachfrage zwischen Süd und Nord hervorgegangen ist. Wir wissen es Alle, daß nicht das directe Wahlsystem, und nicht das Repräsentantenhaus in Amerika, oder solchen Wahlen hervorgegangen und Befugniße des Parlaments besitzt, die Ursache ist, aus welcher der heutige amerikanische Krieg hervorgegangen. Meine Herren! lösen wir die zwei Aufgaben der Einheit und Freiheit, dann werden wir einig sein und das Ziel einer gesammten Deutschlands wird erreicht werden. Es soll keine Einigung stattfinden, ohne Oesterreich, und zwar darum nicht, weil der Weg der Andern dahin führen wird, uns amerikanische Zustände zu bringen. Es haben in jüngster Zeit Einige sich vernehmen lassen, man müsse, um die Einigung Deutschlands zu bewerkstelligen, Oesterreich vernichten und um dieses Hinderniß der Einigung Deutschlands zu beseitigen, solle man die Magyaren, Italiener und Slaven als Bundesgenossen nicht verschmähen. Meine Herren, wir wollen diese Bundesgenossen nicht; und ist jeder Deutsche Bundesgenosse, er mag Ansichten haben, wie er will, lieber als diese, wir reichen ihnen eher die Hand als einem Ausländer. (Lebhafter Beifall.)

Meine Herren! Ich glaube, daß dieß unsere nationale Ehre gebietet, und in der Politik einer Nation muß die Ehre der Nation zuerst entscheiden; die Ehre gegen das Vaterland erfordert vor Allem, keine Schritte zu thun, die früher oder später zur Zersplitterung Deutschlands, zum Untergang der äußeren und inneren Freiheit der Nation führen. Darum, meine Herren, möchte ich noch einmal an Sie das Wort richten: seien wir einig in dem einen und großen Gedanken der Gesammt-Einigung Deutschlands, mögen unsere Ansichten sonst sein wie sie wollen; dieß müssen wir verfechten, wo und wie immer es sein mag. (Lebhafter Beifall.)

Dr. Wänker aus Freiburg: Meine Herren, ich habe der Vorberathung nicht angewohnt und bin deßhalb auch nicht als Redner eingeschrieben; ich habe mich erst zum Wort gemeldet nach Anhörung der Vorträge und Anträge der Herren von Gagern und Mohl. Ich bin mit der Begründung des Herrn von Gagern, ich sage es unverhohlen, vollkommen einverstanden; ich bedauere aber, daß der Antrag, der von ihm gestellt wurde, mir eben aus dieser Begründung nicht zu folgen scheint. Ich vermisse nämlich in diesem Antrage das Positive, ich vermisse theilweise, was das angeblich Mangelhafte des Programms verbessern soll. — Ich gehe nun über zu dem, was ich in Bezug auf den Vortrag des nachfolgenden Redners, des Herrn Mohl, zu sagen habe. Der von mir genannte, geehrte Redner fürchtet, daß der Vorschlag der acht Regierungen in Betreff einer Delegirten-Versammmlung, zu einer kleindeutschen Versammlung, zu einem kleindeutschen Parlamente führen würde; er sagte, es würde dasselbe Verhältniß eintreten unter Betheiligung Oesterreichs, wie das Verhältniß unter Betheiligung Preußens, das von uns Großdeutschen bedauert wird. Ich gebe zu, daß das Programm, das uns in seinen Grundzügern vorliegt, keinen Answeg zeigt für den Fall, daß alle Einigungsvorschläge beharrlich abgelebnt werden, daß die bundestreuen Regierungen darauf angewiesen sind, selbständig zu handeln, vorzuschreiten, ohne sich an die reniteuten Regierungen zu lehren, daß sie in diesen Fall kommen können, durch das Gebot der Selbsterhaltung. Ich bedauere in der That, daß das Programm für diesen Fall, den ich gar nicht für unwahrscheinlich erachte, keinen Ausweg zeigt, allein, meine Herren, der genannte Redner, Herr M. Mohl, hat ebensowenig diesen Ausweg gefunden, und ich sehe in der That nicht ein, was es für einen Unterschied machen soll, ob seinem Vorschlag beigestimmt wird, oder dem in dem Programm enthaltenen. Für den Fall einer unheilvollen Spaltung, einer Trennung wird sein Programm ebensowenig ein Heilmittel sein, als das andere Vorgeschlagene. Nun, meine Herren, wenn man diese Befürchtung ausspricht, so muß man im Gegentheil sagen, daß diese Befürchtung um so mehr wächst, je mehr wir uns jenem Programm nähern. — Es wurde von Herrn Mohl ferner die Competenz der Delegirten-Versammlung beanstandet, sie sei nur eine berathende, er aber wolle eine entscheidende. Meine Herren, das, glaube ich, ist gerade im Programme vorgesehen; das Programm hat sich entschieden dahin ausgesprochen, es sei das ein erster Schritt; das ist entschieden ausgesprochen in den Worten: „Hierbei wird vorausgesetzt, daß die Regierungen keine Zeit verlieren, die Versammlung zu einer periodisch wiederkehrenden Vertretung am Bunde mit erweiterter Competenz zu erheben." Ich muß nun erklären, daß ich nach meiner persönlichen Anschauung allerdings der Redaction den Vorrang gegeben hätte, die da sagt: „der Vertretung am Bund mit constitutioneller Competenz." Denn dann wäre in der That kein Zweifel über das, was wir beabsichtigen, möglich gewesen. Wir beabsichtigen nämlich eine wahre Nationalvertretung, und wenn dies nicht der Sinn des Programmes wäre, so würde ich wahrlich der letzte sein, der dafür stimmte; wir beabsichtigen nämlich eine Nationalvertretung und zwar mit allen constitutionellen Befugnissen, eine Nationalversammlung, die in den allgemeinen Dingen, die zur Berathung und Competenz der Nationalvertretung gehören, gerade dieselbe Macht habe, wie die Kammern in den Einzelstaaten. Ich glaube nicht zu irren, daß das Programm dies ausspricht, dies als das bestimmte Ziel hinweist. — Der mehrgenannte Herr Redner erklärte sodann, daß der vorgeschlagene Wahlmodus, nämlich die nach dem Antrage der Regierungen durch die Kammern zu wählende Delegirten-Versammlung ebenso wenig dem entspreche, was die Nation zu erwarten berechtigt sei. Nun ist aber der Wahlmodus keineswegs synonym mit der Frage, ob die Versammlung nur eine consultative, oder eine berathende, oder ob sie eine entscheidende Stimme habe, und man scheint mir diese Frage unter einander gemischt und verwechselt zu haben; dies, meine Herren, ist von dem Wahlmodus ganz unabhängig. Welche Wahlart sie immer unterstellen mögen, aus dieser Wahl kann eine Versammlung hervorgehen, die entweder nichts zu sagen hat, oder die alles zu sagen hat; eine Versammlung, die entweder nur eine berathende ist, beschränkt auf einige Materien, oder eine Versammlung,

die alle constitutionellen Befugnisse in sich schließt. Und so komme ich nun auf den Wahlmodus zu sprechen.

Meine Herren! wenn ein Badener, der ein entschiedener Großdeutscher ist, sich für die Wahlart erklärt, daß die Nationalvertretung durch die Kammern gebildet werde, so hat er die Vermuthung für sich, daß er seine Gründe nicht dem engeren Vaterlande entnommen habe; sonst müßte ich entschieden für unmittelbare Volkswahlen sein, zur Zeit wenigstens bin ich vollkommen überzeugt, daß das Resultat dann jedenfalls in unserem Sinne ein besseres sein würde. (Bravo!) Allein, meine Herren, abgesehen davon, daß die Zusammensetzung von Kammern eine veränderbare ist, abgesehen davon, daß zur Zeit, da die erste deutsche Nationalversammlung tagen wird, die einheitliche Spitze jedenfalls gebrochen sein wird, daß also auch diese Gefahr schwindet, so habe ich, wir haben bemerkt, meine Gründe nicht einem engeren Kreise, nicht einem kleinen engeren Lande entnommen, sondern dem Allgemeinen, den Landen, die wir alle vereinigt als ein großes, mächtiges Ganze wünschen, und von diesem Gesichtspunkte aus muß ich gestehen, daß ich nicht recht begreifen kann, wie neben einem österreichischen Reichsrath, wie neben den preußischen Kammern im Centralparlament bestehen soll, dem sie untergeordnet sein sollen, und in dessen Bildung sie nicht selbst beigetragen haben. Mir scheint, daß in dieser Weise Reibungen ganz unvermeidlich sind; mir scheint, daß an eine ehrliche, aufrichtige Unterordnung dieser großen Körperschaften unter ein neu geschaffenes Parlament nicht wohl zu denken sei; ganz anders aber gestaltet sich die Sache, wenn grade diese Körperschaften zur Schaffung dieses Parlaments beitragen, wenn sie sagen können, es ist unsere Schöpfung, wir haben es hingestellt, und was es spricht, soll auch für uns gelten. Der indirecte Wahlmodus dünkt mir auch wahrhaft rationell und consequent, consequent und rationell bei einem föderativen System. Wir nämlich die einzelnen Regierungen von ihrer Macht einen Theil aufgeben sollen, um damit die Centralregierung auszustatten, so sollen auch die Einzelkammern, die Vertretungen der einzelnen Länder von ihren Befugnissen opfern, und damit die Central-Vertretung, das deutsche Parlament, dotiren. Ich habe übrigens noch einen besondern Grund, der für den für eine indirecte Wahl der Nationalvertreter zu stimmen. Und dieser Grund, meine Herren, ist das Bedenken, ob in den österreichischen Landen überall eine unmittelbare Volkswahl zulässig, hafthaft, möglich oder räthlich sei. Ich habe diese Bedenken um so mehr, als ich sogar glaube, daß unmittelbare Wahlen zu den österreichischen Reichstag hier und da Anstand finden würden, und wie viel mehr wäre diese Furcht begründet, wenn es sich um die Wahlen zu einem deutschen Parlament handeln würde. Der Versuch schon würde den Racekämpfen, dem Streit der Nationalitäten, die sich gegenüber stehen, neue Nahrung geben, während wir überzeugt sein können, daß aus dem österreichischen Reichstag Vertreter für Frankfurt hervorgehen, von denen es gewiß ist, daß sie nicht aus einer unmittelbaren Volkswahl hervorgegangen sind. (Bravo!) Wenn nun dieses Bedenken begründet ist, auch nur dieses einzige, so müssen Sie dafür stimmen, daß die Wahl durch die Kammern geschehe. Ich sage, wenn auch nur dieses einzige Bedenken irgend einen Grund haben sollte, denn eine Wahl durch die Kammern ist überall zulässig und möglich, eine Wahl durch das Volk unmittelbar ist vielleicht nicht überall möglich, und es würde also gegen unser Programm verstoßen, gegen den großen Grundsatz, der darin ausgesprechen ist, und den wir Alle theilen, kein Deutschland ohne Oesterreich.

Delbig aus Oesterreich: Meine Herren! Ich danke dem Herrn Vorredner für die liebevolle Rücksicht, mit welcher er in Bezug auf Oesterreich in diesem Augenblick gesprochen hat. Ich bin der Zuversicht, daß diese Worte auf ein fruchtbares Erdreich fallen werden und daß es wirklich der deutschen Nation von dorther noch wird vergolten werden. Wenn ich, abgesehen hiervon, auf diese Stelle getreten bin, so war es nicht, um mich in wohldurchdachter Rede über die Delegirtenversammlung und ihre Vorzüge vor dem Parlament zu ergehen, sondern, um eine Erklärung abzugeben, von der ich glaube, daß sie im Sinne meiner Freunde und Genossen, die mit mir aus Oesterreich hieher gekommen sind, gelegen sei; eine Erklärung, welche hervorgerufen ist durch ein Wort in Bezug auf die österreichische Aristokratie. Es ist die Hoffnung ausgesprochen worden, daß durch die österreichische Aristokratie eine Bahn aus Oesterreich nach Deutschland bereits geschaffen werde. Ich darf dieses Wort nicht ausgesprochen lassen, ohne dazu zu bemerken, daß, soweit meine Erfahrungen und Wahrnehmungen reichen, in diesem Augenblick der feste Verlaß auf die österreichische Aristokratie noch nicht begründet sei, den man vielleicht haben möchte. Dagegen, meine Herren, einen festen Verlaß in Oesterreich haben Sie in dem Augenblick, wo sie an das deutsch österreichische Volk appelliren. (Bravo!) Ich muß zwar, wie vielleicht der eine oder andere der Herren Versammelten weiß, in den letzten Tagen in einigen Conflikt gerathen mit meinen steirischen und österreichischen Landsleuten; aber nichtsdestoweniger bin ich in der Lage, versichern zu können, daß dort das wärmste deutsche Bewußtsein und Gefühl vorhanden ist, soweit Sie durch Deutschland geben und wandern mögen. (Bravo!) Wenn dieselben gleichwohl hier nicht erschienen sind, so möchte ich, um mich kurz zu fassen, es eher darauf zurückführen, daß sie vielleicht in ihren Wünschen und Programmen für Deutschland weiter gehen, als es im Interesse von Oesterreich, und ich glaube hinzufügen zu müssen, von Deutschland selbst liegt; daß sie in einer gewissen Scheu, hinter dem vorgeschrittenen Programm zurückzubleiben, es vorziehen, sich hier nicht zu betheiligen. Erlauben Sie mir, weil das Ding der Aristokratie heute in unserer Debatte eine so große Rolle gespielt, in dieser Beziehung offen auszusprechen, wie wir es in Oesterreich halten. Wir sind der Ansicht: Unter uns und mit uns sind sie uns recht, außerdab unser sind sie bedenklich und vielleicht gefährlich. Und gerade darin, meine Herren, liegt, wie mir scheint, ein großer Vorzug für die Delegirten-Versammlung, wie sie in unserer Mitte gedacht ist. Sie gibt uns für die nächste Zeit wenigstens eine Garantie dafür, daß die Aristokratie mit uns und unter uns ist, und so lange sie mit und unter uns ist, glaube ich, werden wir mit ihr zurecht kommen. (Bravo!) Ich sehe die größte Bürgschaft für das Durchschlagen der Delegirten-Versammlung in einem eigenthümlichen Verhältniß, in dem die Debatte zu dem Projekte getreten ist. Zwei der bedeutendsten Redner, die heute aufgetreten sind, glaubten sie verwerfen zu müssen, der Eine, weil sie für die Aristokratie zu wenig bietet, der Andere, weil sie für dieselbe zu viel biete. Ich lebe der Hoffnung, daß sie gerade die rechte Mitte hält! (Sehr richtig!) Im Uebrigen ist durch zwei Redner vor mir so Herrliches, so Vortreffliches, wenigstens für mein Herz, und für diesen Tag so Trostvolles gesprochen worden, daß ich mich nicht berufen fühle, länger bei diesem Gegenstande zu verweilen,

um dessen Verbescheidung es sich heute handelt; nur eines kann ich mir nicht aus dem Sinne drängen, das Wort, das von mehreren Rednern ausgesprochen worden ist, daß wir nicht den Mustern romanischer Staatsbildung zu folgen haben, sondern daß wir bei der deutschen Art bleiben müssen, und in dieser Beziehung haben wir ein Nachbarland zur Seite, in welchem, wenn ich von gewissen Verschiedenheiten absehe, echt deutsche Art zum Austrag gekommen ist: es ist die Schweiz. Ich glaube, die Staatenbildung in Deutschland, die Verfassungsbildung in Deutschland sollte sich die Schweiz zum Muster nehmen, an der Schweiz ein Muster nehmen in Bezug auf die Eifersucht, mit der wir auf unsere Grenzen halten sollen; (Bravo!) ein Muster in Bezug auf die Zähigkeit und Entschlossenheit, mit der wir den Gang wahrer Reformen verfolgen sollten; (Bravo!) ein Muster an der Schweiz in Bezug aber auch auf die Freiheit, auf den Gedanken der Vereinbarung, auf dem endlich diese Geschlossenheit, diese mannhafte Geschlossenheit zu Stande gekommen ist. (Bravo!) Neber also, als Piemont und Frankreich, glaube ich, soll uns dieses aus alter deutscher Gemeinfreiheit und Opposition gegen die Dynastien hervorgegangene Land zum Muster dienen. (Lebhafter Beifall.)

v. Harleß aus München: Meine Herren! Der sehr geehrte Redner, der vor mir sprach, hat mich insofern in Verlegenheit gesetzt, als der Reihenfolge nach ich glaubte, einen Gegner der hier vorliegenden Vorschläge erblicken zu müssen, während er sie vertreten hat. Indeß lassen Sie mich nur, denn wirklich kann wir selbst schon dem Vorwurf allzulangen Redens verfallen, mit wenigen Worten sagen, warum ich mich für die Vorschläge des Ausschusses auszusprechen zu müssen glaube und Sie bitte, auf die abweichenden Vorschläge nicht einzugehen. Lassen Sie mich den Zweck, in welchem wir hier zusammen gekommen, das Einfachste formuliren. Das, was hier auf diesem Blatte vorliegt, ist allerdings kein Programm, wie man sich etwa die Neugestaltung Deutschlands zu denken habe. Es sind einfach Grundsätze, zu welchen sich diejenigen bekennen, welche, getrieben von dem Bedürfniß, und von der Noth unseres Vaterlandes sich hier versammelt haben, um einer einfachen Gesinnung Ausdruck zu geben.

Die Gesinnung aber, die uns zusammengeführt hat, ist die, daß es uns gleichgültig ist, ob man im Namen von Kleindeutschen Haß gegen Oesterreich, oder im Namen von Großdeutschen Haß gegen Preußen predigt. Es ist das Verlangen in den großen Hauptpunkten, diejenigen, die es ernst mit dem gemeinsamen Vaterlande meinen, zu vereinen. Gerade deßhalb schien es uns durchaus unzulässig, irgendwie ausführlich in einzelne Theorien einzugehen, statt um den kürzesten Ausdruck gemeinsamer Empfindung und gemeinsamer Ueberzeugung uns zu sammeln; das lag Denen am Herzen, die das gedruckten, in Ihren Händen liegenden Vorschläge aufstellten.

Vor Allem leitete uns dabei der Gedanke, daß wir einem alten Verwurfe ein Ende machen müssen, der darin liegt, daß wir Deutsche über lauter Theorien uns nicht hineinziehen können, auf dem Boden des Realen zu bleiben und das Greisliche zu packen. Es ist ein altes Sprichwort und dies möchte ich auch hier in Erinnerung rufen, daß der Sperling in der Hand mehr werth sei, als der Adler auf dem Dache.

Vor Allem aber war es unsere Absicht, mit Allem, was wir sind und haben, für jedwedes Vorgehen deutscher

Regierungen zur Erreichung dessen, was unserem gemeinsamen Vaterlande noth thut, uns bereit zu stellen. Auch hier, meine Herren, wollen wir nicht verlangen, daß man das Dach setze, ehe der Grund liegt. Wir wollen, wo nur ein einziger Stein, der wirklich fähig ist, Fundament eines weiteren Aufbaues zu werden, gelegt wird, den Tag segnen und nicht von dem Grundstein gering denken, weil er noch nicht ein fertiger Palast ist. Das ist, mit wenigen Worten zusammengefaßt, der Hauptgesichtspunkt, von welchem ich aus die Hohe Versammlung bitten möchte, den einfachen Sätzen beizutreten, welche Ihrer Annahme vorgelegt sind, und vor Allem sich zu hüten, was mir mehr in das Gebiet der idealen Doctrin, als der realen Wirklichkeit und des nächst Durchführbaren zu fallen scheint.

Ulrichs, Hannover'scher Assessor a. D., derzeit in Frankfurt. Meine Herren! Ich werde nur ganz wenige Worte sagen. Einer der geehrten Herren Vorredner hat erklärt, daß er die Delegirten-Versammlung, wenn er zu wählen habe zwischen Delegirten-Versammlung und Parlament, er diese vorziehen werde. Auch ich bin dieser Ansicht, indeß aus andern Gründen, nämlich aus keinem anderen Grunde, als weil das Centrum die Macht haben muß, wenigstens den moralischen Einfluß, die Glieder an seinen Bahnen zu fesseln. Wenn wir ein Parlament einsetzen können, so wird das direct gewählte Parlament, meines Erachtens, nicht diese Macht haben gegenüber zweien der Glieder, den beiden Großmächten Oesterreich und Preußen. Wir haben nöthig deßhalb innerhalb Oesterreichs und Preußens, daß das Centrum sich Bundesgenossen innerhalb dieser Glieder verschaffe: und diese Bundesgenossen sehe ich gegeben, wenn die Delegirten-Versammlung eingesetzt wird, indem dann die Delegirenden, nämlich die Vertretungen in Oesterreich und Preußen, dadurch zu Bundesgenossen gemacht werden, um die Delegirten-Versammlung und deren Beschlüsse zu vertreten. Sie werden in das Interesse der Gesammtheit gezogen. Die Centralgewalt ohne eine Delegirten-Versammlung wird hierzu nicht fähig sein. Auf diese Weise kettet das Centrum auch die beiden mächtigeren Glieder an seine Bahnen, was, ich glaube, das Centrum mit einem Parlament ist hierzu nicht fähig. Auf diesem Wege wird die Delegirten-Versammlung auch dazu beitragen, daß das Centrum sich fort und fort mehr entwickeln werde in bundesstaatlicher Richtung. Aus diesem Grunde stimme ich für die Delegirten-Versammlung.

Schaffle aus Tübingen: Meine Herren! Als ich heute den Saal betrat, hatte ich die Absicht, ein Amendement zu Punkt 5 des Antrags der Herren Lerchenfeld und Genossen zu stellen.

Es wäre dahin gegangen diesen Punkt näher zu präcisiren in der Richtung, daß der als organische Einrichtung zu schaffenden Delegirten-Vertretung reale, constitutionelle Befugnisse gewährt werden, reale constitutionelle Befugnisse in doppelter Hinsicht: einmal um so, daß nur unter ihrer maßgebenden Mitwirkung fürder Gesetze für ganz Deutschland zu Stande kommen könnten, auf dem Gebiete derjenigen Angelegenheiten, welche nach den bestehenden Verhältnissen wirklich zu gemeinsamer Behandlung ausgeschieden werden können, reale und constitutionelle Befugnisse aber auch in der Richtung, daß eine solch als organische Einrichtung wirkende Delegirten-Versammlung bei allen nationalen Krisen, bei allen Angelegenheiten von nationaler Bedeutung überhaupt ihre Stimme in geeigneter Form, durch Interpellation, Petition u. s. w. wirksam geltend machen könne.

Ich hegte die Absicht, dies Amendement zu stellen, weil ich anfänglich nicht vollständig über alle Bedenken hinweg kommen konnte, ob denn Punkt 5 die Absicht, eine reale Vertretung zu schaffen, auch vollständig in sich schließe. Meine Herren! Nach dem, was ich heute gehört habe, trage ich kein Bedenken, auf das Amendement zu verzichten. Dasjenige, was so viele Vorredner vor mir gesprochen haben, berechtigt mich vollständig darauf zu verzichten, es berechtigt mich anzunehmen, daß ich in dieser Versammlung und unter Denjenigen, die in Folge dieser Versammlung mit einander einen gemeinsamen Weg gehen werden, eine große Anzahl von Männern finden werde, welche wirklich etwas Reales, den Bedürfnissen des Volkes Entgegenkommendes wollen. Meine Herren! Ich und meine Freunde wollen ebenfalls nur, was wirklich möglich ist, ich hasche nicht nach Phrasen, nicht nach einer Popularität, welche auf Grund von Forderungen erhascht wird, die unter gegebenen Voraussetzungen doch einmal nicht ausführbar sind. Aber um so mehr, glaube ich, wird von unserer Seite und gegenüber den verschiedenen Anfechtungen, die unser Streben erlitten hat, geltend zu machen sein, daß derjenige nationale Fortschritt, welcher aus Grund gegebener Verhältnisse wirklich möglich ist, auch ungesäumt und vollständig erstrebt werde, und ich darf hoffen für diese Aufgabe recht viele Genossen künftighin in unserer Vereinigung zu finden und in den Bestrebungen anzutreffen, die sich an unser heutiges Zusammensein knüpfen werden.

Meine Herren! Sie erlauben mir nur noch wenige Bemerkungen, die allerdings vom württemberger Standpunkt ausgehen. Ich kann nicht leugnen, daß in Württemberg im Allgemeinen eine Abneigung, ein gewisses Mißtrauen gegen den Modus der Delegirten-Versammlung herrscht. Sie haben dieses Mißtrauen durch verehrte Landsleute heute in diesem Saale vollständig ausdrücken hören. Ich kann auch nicht leugnen, daß in unseren speciellen Zuständen gewisse Verhältnisse obwalten, welche hier für uns und unsre Anschauungen eine gewisse Bedenklichkeit begründen. Wir haben in unserer Verfassung die specielle Einrichtung, daß beide Kammern zur Wahl der ständigen Ausschüsse durchgeführt werden. Auch haben wir gewisse Erfahrungen gemacht, die es nicht unberechtigt erscheinen lassen, wenn wir die bezeichnete Bedenklichkeit hegen. Ich für meine Person glaube nun allerdings über diese Bedenklichkeit hier hinweg gehen zu dürfen; denn in der Resolution der Herren von Lerchenfeld und Genossen ist es besonders ausgedrückt, daß die Modalität, die Art und Weise der Delegation, der Reglung im Wege der Landesgesetzgebung überlassen bleibt.

Das bürgerliche Element ist heute kräftig genug, und darf das Zutrauen in sich haben, daß wenn auch eine landesgesetzgebungsmäßigen Bestimmung der Art und Weise der Delegation mitberufen wird, es noch Geltung verschaffen wird und ich bin in Anbetracht dessen der Ueberzeugung, daß es gemäß seiner überwiegenden socialen und wirthschaftlichen Bedeutung auch in der Delegation überwiegend gelten, daß aber auch die Aristokratie ihm bei der entsprechenden Geltung nicht bestreiten wird, ihm sein Recht nicht vorzuenthalten suchen wird.

Meine Herren! Wenn ich mich hiernach ohne Rückhalt dafür erkläre, daß nach den bestehenden Verhältnissen, aus denjenigen, wovon wir allein ausgehen können, nur der Modus der Delegation in Anspruch ist, so glaube ich mich im Allgemeinen auf die Gründe beziehen zu können, welche so vollständig klar und nach meiner Ueberzeugung überzeugend von den verschiedenen Herren Vorrednern, namentlich

lich aber von Herrn v. Wydenbrugk in voller Gründlichkeit entwickelt worden sind. Dürfte ich etwas hinzufügen, so möchte ich bemerken, daß ich für meine Person mir nicht denken kann, wie ein großartig angelegter Apparat, wie ein aus directen Wahlen hervorgegangenes Parlament unter den jetzigen Voraussetzungen auch nur einen entsprechenden materiellen Wirkungskreis finden könnte, so lange wir auf dem Boden der gegebenen Thatsachen stehen, so lange wir zwei Großstaaten und mehrere kräftige Mittelstaaten haben, von welcher Jeder nach den Bedingungen seiner politischen Existenz seine Befugnisse zähe an sich halten wird, und so lange wir diese Thatsachen nicht revolutionär umstoßen, sondern auf dem Boden der Reform bleiben wollen, — und auf diesem Boden stehen wir, — so lange, meine Herren, ist nicht daran zu denken, daß wir für einen vollständig ausgerüsteten Parlamentsapparat auch nur das nöthige Object, auch nur den nothwendigen würdigen Wirkungskreis haben werden.

Ein anderer Gesichtspunkt, welcher mich für die Delegirten-Versammlung jedenfalls als Provisorium bestimmt, ist derjenige, daß ich glaube, es sei nöthig, die Gegensätze auszugleichen, welche zwischen dem centralen Bereich unseres politischen Lebens und den Kreisen unseres Partikularlebens klaffen. Diese Ausgleichung geschieht wohl vorläufig am besten, wenn die Centralvertretung aus dem partikulären Leben hervorgeht, sich aus demselben central zusammenlegt und in dasselbe wieder sich auseinander legt. Meine Herren! Ich kann aber auch nicht zugeben, daß im Allgemeinen die Wissenschaft gegen das Princip der mittelbaren Bildung von Volksvertretung sich absolut ausspreche. Es sind in neuerer Zeit auch in der Wissenschaft nicht unerhebliche Bedenken hervorgehoben worden in der Richtung, ob es sich zweckmäßig sei, die Volksvertretung, namentlich für die höchsten Kreise der Repräsentation, auf eine mittelbare Weise zu bilden. Leicht vermöchte ich aus der deutschen Wissenschaft gewichtige Stimmen anzuführen, deren liberalen Klang und Charakter Niemand bezweifelt. Genauer darf ich wohl erwähnen, daß der gefeiertste und liberalste staatswissenschaftliche Name des heutigen England, daß John Stuart Mill, in Beziehung auf den amerikanischen Senat in der neuesten Zeit bemerkt hat, daß diejenigen Repräsentationen als die besten sich erweisen, welche hervorgegangen wären aus zu Grunde liegenden partikularen Repräsentativkörpern.

Ich will durchaus nicht behaupten, daß diese Anschauung die allein richtige und fernerhin anzunehmende sei, ich wollte nur von meinem Standpunkte in der vorliegenden speciellen Frage und aus dem Kreis der mir nabeliegenden Wissens mittheilen, daß in der Wissenschaft selbst darüber, ob directe oder indirecte Wahlbildung das Beste sei, keine absolute Uebereinstimmung herrscht, und daß auf Seite derjenigen, die eine mittelbare Bildung der Repräsentation betonen, Männer von der unbezweifeltsten liberalen Gesinnung stehen.

Indem ich nun zum Schlusse komme, um Ihre Geduld nicht weiter zu ermüden, erlaube ich mir nochmals recht scharf hervorzuheben, in welchem Sinne ich den Punkt 3 auffasse. Ich fasse ihn so auf, daß für die zu bildende Repräsentation im Centrum unseres politischen Lebens jene erweiterte Competenz, deren die betreffende Ziffer ausdrücklich erwähnt, eine solche werde, die auf dem Boden und nach dem Maße der gegebenen Verhältnisse die Bedürfnisse der Nation auch wirklich befriedige, daß so bald, wie nur immer möglich, der zu bildenden Repräsentation alle constitutionelle Befugnisse namentlich auch dahin eingeräumt

werden, um die Gelegenheit zu haben, in den geeigneten Formen bei nationalen Krisen, überhaupt bei allen Angelegenheiten von nationaler Bedeutung ihre Stimme mit dem größten Nachdruck geltend zu machen. (Beifall.)

Baron v. Varnbüler: Wenn man durch seine Verhältnisse den Beruf hat, in das öffentliche Leben einzutreten oder wenn man ohne diesen Beruf durch äußere Verhältnisse sich dazu das Recht nimmt, wie diese Versammlung, so ist es eine der ersten Anforderungen, daß man die Gründe für seine Handlungen aus sich selbst schöpfe, und nicht aus Eindrücken von Außen; daß man mit andern Worten sich nicht von der öffentlichen Meinung beherrschen lasse, sondern diese zu beherrschen, diese zu bilden suche.

Ein zweiter Standpunkt, meine Herren, im politischen Leben ist, wie mir scheint, der, ein Standpunkt, welcher sehr schwer zu erreichen ist, der nämlich, daß man sich das Opfer auferlege, von den Körnern, welche man säet, nicht immer die Frucht pflücken zu wollen. Es ist die Aufgabe des Menschen, wenn er etwas für gut erkennt, dieß als Samenkorn nieder zu legen, auf die Gefahr hin, daß erst die Zukunft ihm die Früchte bringe. Meine Herren! Von diesen beiden Standpunkten ausgehend, könnte es für uns nicht Aufgabe sein, nach Idealen zu greifen, nach demjenigen zu greifen, was vielleicht Jeder von uns als das Beste erkennen würde, sondern mit demjenigen sich zu begnügen, was erreichbar ist. — Es liegt uns vor der Antrag von acht Regierungen auf Berufung einer Versammlung, aus den Ständeversammlungen zunächst derjenigen Länder, zu welchen ihre Regierungen gehören. Das Maß der dieser Versammlung bestimmten Competenz mußte ein sehr kleines sein, wollte man nicht in den Fehler verfallen, daß man das Bundesrecht ignorire. Man mußte diese Competenz soweit zurücklegen, daß sie innerhalb des Bundesrechts möglich war, solange möglich war, als innerhalb des Bundesverfassung möglich was, als innerhalb des Bundesverfassung Widerspruch zu legen, auf die Gefahr daß jenen Antrag vorlegt. Hieraus gestaltete sich nun allerdings ein Product, welches auch mäßigen Ansprüchen nicht zu genügen erscheinen und es könnte daher Zweifel entstehen, ob man sich mit etwas begnügen wollte, was gar Vielen mißfällt, was selbst denjenigen, die das Gebotene ergreifen wollen, nur als etwas Provisorisches genügt. Ich habe mich nach langer Erwägung dafür entschieden, mit demjenigen mich zu begnügen, was erreichbar ist und hierbei bin ich von folgenden Erwägungen ausgegangen.

Es wird damit erreicht der Grundsatz, daß Gesetze für ganz Deutschland nicht mehr erlassen werden können, ohne daß man die Abgeordneten des Volkes, wenn auch durch indirecte Wahlen, gehört habe.

Meine Herren! Er scheint mir, Angesichts mancher deutscher Gesetze, mit denen man nicht zufrieden war, dies eine große Errungenschaft zu sein und ich würde es für unrecht halten, das nicht zu acceptiren. Ein anderer Gesichtspunkt ist der: es ist überhaupt in der deutschen Nation das Bestreben rege, ihre Interessen öffentlich zur Geltung zu bringen, ihre Wünsche öffentlich zu besprechen, und selbst ihren Leidenschaften einen öffentlichen Ausdruck zu geben. Bei dieser Stimmung der Nation scheint es mir von größter Wichtigkeit, daß irgend eine officielle Versammlung bestehe, möge deren Competenz groß, möge sie klein sein, möge als Ausdruck, als residuum dienen könne für diese Bestrebungen. Tritt der Fall ein, daß große nationale Interesse rege sind, so wird die Versammlung nicht nach ihrer Competenz fragen, sondern sie wird ihren Aus-

fpruch thun, fie wird ihn thun, in was immer für einer
Form und diefer Ausfpruch wird nicht ohne Folge fein.

Unfere gegenwärtige Bewegung hat einen Theil ihres
Urfprungs in dem Jahre 1859. Sie hat ihre Entftehung
in dem Drucke von Außen. Ich fpreche die Ueberzeugung
aus, wenn im Jahre 1859 eine Delegirtenverfammlung,
nur eine Delegirtenverfammlung ad hoc, nur eine Delegirtenverfammlung, um ein Dunnicationsrecht zu berathen,
eine Verfammlung von 150, 120, 100 Perfonen getagt
hätte, fie damals einen patriotifchen Ausfpruch gethan hätte
und daß, gegenüber einem folchen Ausfpruche, eine Politik,
die beinahe ganz Deutfchland beklagt, gewiß nicht befolgt
worden wäre. Ich gehe von diefer Thatfache als von einer
unzweifelhaften aus.

Wenn ich beim Beginne meiner Rede gefagt habe,
daß man unter gewiffen Verhältniffen die öffentliche Meinung zu berichtigen habe, fo fage ich auch, es gibt Momente in der Gefchichte, wo die Leidenfchaft einer Nation rege
gemacht werden muß und für folche Momente bedürfen
wir eine Verfammlung und jede deutfche Verfammlung
wird folche Momente benutzen, um Leidenfchaften in nationaler Richtung rege zu machen und das ift für mich der
Hauptgrund, nach der Delegirten-Verfammlung zu greifen,
wie fie uns geboten. Wenn die Frage uns geboten wird,
wollen wir Parlament, wollen wir Delegirten-Verfammlung,
dann, meine Herren, ftände die ganze Sache anders. Es
liegt uns aber nicht die Frage vor, ob wir Parlament
wollen oder Delegirten-Verfammlung (Heiterfeit), fondern
es ift eine Delegirten Verfammlung geboten.

Sollen wir diefe verfagen, weil wir ein Parlament
gerne hätten, was wir wahrfcheinlich nicht erreichen, das
diejenige Regierung, welche fich gegen die Delegirtenverfammlung ausgefprochen hat, hat fich noch lange nicht für
ein Parlament ausgefprochen. (Sehr gut.)

Meine Herren! Es ift eine ganz natürliche Sache, es
ift eine Erfahrung der Gefchichte bewährt, daß jede
Verfammlung aus unmittelbarer Wahl hervorgegangen,
fich fühlt, daß fie getrieben wird durch Eitelkeit, durch
Ehrgeiz, durch alle mögliche andere Leidenfchaften. Mögen
fie die Competenz einer Nationalverfammlung umfchreiben,
wie fie wollen, diefelbe wird übergreifen, fie wird auf Gebiete hinübergreifen, die der Organifation, die dem Grund-
charafter des deutfchen Volkes nicht entfpricht, denn machen
wir uns darüber fein Hehl, meine Herren, wir find nicht
gemacht zum Central-Staat: es gibt in Teutfchland einen
berechtigten Particularismus. Man ift mit Jahrhunderte
lang in kleine Gruppirungen zerfplittert, ohne daß fich der
Organismus des menfchlichen, des politifchen, des focialen
Lebens nach diefen Gruppen geftalte. Denken Sie an die
verfchiedenen Verfehrsverhältniffe, denken Sie an die Bil-
dungsanftalten in den einzelnen Staaten mit ihrem fpe-
ciellen Charafter, fo wird ohne Zweifel, wenn fie die Zügel
der Centralifation zu fehr anziehen, fich fofort eine Reaction
bilden, nicht allein von den Regierungen, fondern von dem
Volke felbft (Bravo!)

Ift aber eine folche Reaction einmal gebildet, würde
der Verfuch derjenigen Einigung, welche wir anftreben,
noch einmal mißlingen, dann fürchte ich, müßten wir alle
Hoffnung zu Grabe tragen; wir müffen daher vorfichtig
vorfchreiten, daß nicht ein zweites Jahr 1849 wiederfehre,
wir müffen uns fehr fürchten, daß eine grabe, daß ein
zweitemal der Rumpf einer fchönen Verfammlung unter
Billigung eines großen Theils der Nation von den libe-
ralften Männern gewaltfam gefprengt werden müßte.

Meine Herren! Das wäre ein fchmerzliches Ereigniß
für Deutfchland und doch, es wurde von der großen Mehrzahl der Bevölkerung damals gebilligt. Vor folchem Unheil müffen wir, meine Herren, uns hüten, und darum
müffen wir langfam und ftetig voranrücken, dann werden
wir gewiß zum Ziele gelangen. Ich fchließe damit meine
Bemerkungen über das Programm.

Ich bedaure, daß ich noch einige Worte perfönlicher
Art fagen muß, einem Manne gegenüber, mit dem ich im
öffentlichen Leben vielfach einmüthig zufammengeftanden
bin; ich nenne den Herrn Antragfteller Mohl. Er hat
unfere häuslichen Angelegenheiten Württembergs auf eine
Weife zur Sprache gebracht, daß, wenn ich ihm auf diefes
Gebiet folgte, ich in eine Reihe von thatfächlichen Erör-
terungen eingehen müßte, die vielleicht beweifen würden,
daß die Farben, welche er aufgetragen hat, etwas zu grell
waren, ich halte es aber für angemeffen, in einer deutfchen
Verfammlung folche häusliche Angelegenheiten nicht zu
berühren. (Großer Beifall.)

Mohl: Meine Herren: Der Vorredner hat geglaubt,
ich habe die Farben zu ftark aufgetragen; ich will nur bemerken, daß ich glaube, mich über die Thatfachen, die hin-
länglich bekannt find, fehr gemäßigt geäußert zu haben.

Präfident: Da die Diskuffion erfchöpft ift, fo werde
ich nunmehr zur Abftimmung übergeben. Es liegen uns
zwei Hauptanträge vor, welche einander gegenüberftehen
und einander ausfchließen. Es ift einmal der Antrag, der
in Folge der Vorbefprechungen an Sie gekommen ift, und
zweitens der Antrag des Herrn Mohl und Genoffen. Zu
dem erfteren find zwei Modifikationen eingebracht, von
Herrn Michelis und dann der Antrag des Herrn Freiherrn v. Gagern. Da bei der Diskuffion der aus der
Vorbefprechung hervorgegangene Antrag zu Grunde gelegt
wurde, und der Vorfchlag des Herrn Mohl fich davon
entfernt, fo ift der letztere zuerft zur Abftimmung zu bringen. Ich verlefe denfelben nochmals. (Gefchieht.) Die Anträge hängen fo innig zufammen, daß eine Trennung der
Abftimmung nicht wohl möglich ift; es wird fich darum
handeln, die Anträge im Ganzen aufzunehmen oder abzu-
lehnen. Ich erfuche diejenigen Herren, welche den Mohl'-
fchen Anträgen zuftimmen wollen, fich zu erheben. — Es
haben fich nur fehr Wenige erhoben. Der Antrag ift alfo
abgelehnt.

Ich komme nun zu dem andern Antrag; hier muß
wenigftens in gewiffer Beziehung nach den einzelnen Pro-
pofitionen getrennt abgeftimmt werden, da, wie ich bereits
vorhin mir zu bemerken erlaubte, zu einzelnen Ziffern Modifikationen vorliegen. Bei Ziffer 1 ift dieß nicht der Fall.
(Herr Michelis bittet ums Wort zur Gefchäftsordnung.)

Michelis: Meine Herren! Soviel ich weiß, ift über
meinen Antrag noch gar nicht diskutirt worden; es wurde
blos davon gefprochen, ob der Antrag unterftützt werden
folle; unterftützt wurde der Antrag, aber er ift bis jetzt
noch nicht diskutirt. Ift er damit angenommen, fo bin ich
zufrieden, fonft aber nicht.

Präfident: Wenn ein Amendement unterftützt ift, fo
bildet es mit den Gegenftand der Diskuffion, welche über
den Hauptantrag gepflogen wird; es hat alfo auch die
Diskuffion über das Amendement des Herrn Michelis
ftattgefunden.

Die pos. 1 des Hauptantrags lautet:

1) Die Reform der Verfaffung des deutfchen Bundes ift
ein dringendes und unabweisliches Bedürfniß, fowohl

um die Machtstellung nach Außen, als die Wohlfahrt und bürgerliche Freiheit im Innern kräftiger als bis- her zu fördern.

Diejenigen Herren, welche damit einverstanden sind, belieben sich zu erheben. — Diese Position ist mit sehr großer Majorität angenommen, fast einstimmig. (Ruf nach Gegenprobe.) Dadurch kann man allerdings constatiren, ob Stimmeneinhelligkeit besteht. Ich ersuche deßhalb die- jenigen Herren, welche dagegen sind, sich zu erheben. (Nie- mand erhebt sich.) Die Ziffer 1 ist also einstimmig ange- nommen.

Zu pos. 2 ist von Herrn Michelis ein Zusatz bean- tragt; es ist deßhalb diese Position zuerst mit dem Zusatze zur Abstimmung zu bringen. Sollte sie so nicht angenom- men werden, so komme sie ohne den Zusatz zur Abstimmung.

Mit dem Zusatze lautet dieselbe:

„Dergestalt, daß nur die deutschen Antheile der beiden deutschen Hauptstaaten den Bund als solchen constituiren, der Bund aber die Garantie des ganzen gegenwärtigen Besitzstandes aller deutschen Staaten übernimmt."

Diejenige Herren, welche zustimmen wollen, belieben sich zu erheben.

Mit großer Majorität abgelehnt.

Es kommt nun die Position ohne diesen Zusatz zur Abstimmung. Sie lautet:

2) Diese Reform muß allen deutschen Staaten das Ver- bleiben in der vollen Gemeinsamkeit möglich erhalten.

Wer damit einverstanden ist, beliebe sich zu erheben. Sie ist einstimmig angenommen; pos. 3 lautet:

3) Sie findet ihren Abschluß nur in der Schaffung einer kräftigen Bundes-Executiv-Gewalt mit einer natio- nalen Vertretung.

Diejenigen, welche beistimmen wollen, bitte ich, sich zu erheben.

Sie ist einstimmig angenommen; pos. 4 lautet:

4) Als die nach den bestehenden Verhältnissen allein mög- liche Form einer Bundes-Executiv-Gewalt stellt sich eine concentrirte collegiale Executive mit richtiger Aus- messung des Stimmenverhältnisses dar.

Diejenigen, welche beistimmen wollen, bitte ich, sich zu erheben.

Auch diese Position ist angenommen.

Statt der Position 5, 6 und 7 schlägt Herr Freiherr von Gagern vor, folgende Sätze anzunehmen:

„In dem Antrage der acht Regierungen: — an den Sitz der Bundesversammlung einzuberufen und beizulegen eine Commission, bestehend aus Delegirten der Stände- versammlungen, zur Berathung von Bundesgesetzent- würfen, zunächst der beiden erwarteten über deutschen Civilprozeß und deutsches Obligationen-Recht, — ist das Bestreben jener Staaten, Rechtseinheit in Deutsch- land herbeizuführen, dankbar anzuerkennen.

Es kann jener Weg, zur Rechtseinheit zu gelangen, welcher ein mächtiger Factor des nationalen Einheits- bewußtseins ist, bei dem gegenwärtigen Stande der Bun- desverhältnisse ein förderlicher sein, weil er geeignet ist, die Uebereinstimmung der verschiedenen Bundesgesetzge- bungen in der Beschlußfassung über solche Entwürfe zu erleichtern. Die von den acht Regierungen beantragte Delegirten-Versammlung ist unter dem weiteren Gesichts- punkt der öffentlichen Gunst empfohlen worden, daß darin

ein erster Schritt vorwärts begrüßt werden möge zur Schaffung einer nationalen Vertretung. Es haben jedoch die beantragenden acht Regierungen sich gegenwärtig ge- halten, daß die Einführung eines repräsentativen Ele- ments in den Organismus des deutschen Bundes mit Nothwendigkeit zugleich eine entsprechende veränderte Gestaltung der Executive des Bundes bedinge und darum und aus anderen Gründen weitere Anträge sich vorbehalten.

Bei Würdigung des für diesen Vorbehalt angeführten Motivs erscheint die beantragte Institution der Delegir- ten-Versammlung unter dem angeregten zweiten Gesichts- punkte zur Zeit für die öffentliche Beurtheilung noch nicht zur Reise gediehen."

Diejenigen Herren, welche mit diesem Antrag des Herrn Freiherrn v. Gagern einverstanden sind, bitte ich, sich zu erheben. Der Antrag ist abgelehnt.

Ich kann unter diesen Umständen, die Positionen 5, 6 und 7, die ohnedies innig zusammenhängen, wohl gleich- zeitig zur Abstimmung bringen. Sie lauten:

5) Als ein erster Schritt zur Schaffung einer nationalen Vertretung ist die von acht Regierungen beantragte Delegirten-Versammlung anzuerkennen. Hierbei wird vorausgesetzt, daß die Regierungen keine Zeit verlie- ren, jene Versammlung zu einer periodisch wieder- kehrenden Vertretung am Bunde mit erweiterter Com- petenz zu gestalten.

6) Um ihr die nöthige moralische Geltung zu sichern, ist eine größere Zahl von Mitgliedern erforderlich. Die Gesetzgebung der einzelnen Staaten ist die Art und Weise der Wahl zu überlassen, jedoch die Wählbar- keit nicht auf die Mitglieder der einzelnen Landesver- tretungen zu beschränken.

7) Die Reform ist nur auf der Grundlage der bestehen- den Bundesverfassung durch Vereinbarung herbeizu- führen.

Diejenigen Herren, welche dafür sind, bitte ich, sich sich zu erheben. Sie sind mit jedenfalls großer Majorität angenommen.

Position 8 lautet:

8) Wenngleich ein Bundesgericht, dessen Unabhängigkeit gesichert ist, als eine Einrichtung von wesentlichem Nutzen sich darstellt, so erscheint doch der neueste in dieser Beziehung gemachte Vorschlag nicht zweck- gemäß.

Wer damit einverstanden ist, beliebe sich zu erheben.

Auch dieser Vorschlag ist mit unzweifelhafter bedeuten- der Majorität angenommen.

Damit, meine Herren, ist der Gegenstand der Tages- ordnung erschöpft; allein ich muß Sie Herren ersuchen, daß sie noch eine kurze Zeit Geduld haben, weil wir noch einige Fragen berühren müssen. Ich habe Ihnen heute Morgen beim Beginn der Discussion Mittheilung gemacht von einem Schreiben des Herrn Hofgerichtsraths Dr. Kraft von Gießen, und dabei angeführt, daß er der Versammlung nicht angehöre. Inzwischen ist mir das Verzeichniß der Mitglieder zugekommen und sein Name steht in demselben. Ich habe auch angenommen, daß er vor einigen Tagen hier war und sich angemeldet hat, inzwischen aber wieder abge- reist ist. Ich wollte dies zur Beseitigung von Recla- mationen berichtigend bemerken. In der Sache selbst än- dert sich damit nichts, da nach unserer Geschäftsordnung die Einsendung schriftlicher Reden nicht gestattet ist, sondern nur freie Vorträge. Ferner habe ich zu bemerken, daß diejenigen Herren, welchen keine regelmäßige Karten behändigt werden konnten, sich morgen früh 9½ Uhr hierher bemühen wollen, um ordentliche Karten gegen die Interimsscheine einzuwechseln.

Das Namensverzeichniß der Mitglieder ist gedruckt, und wird denjenigen Herren, die es noch nicht besitzen, zugestellt werden. Es haben sich, wie natürlich nicht zu vermelden war, manche Irrthümer eingeschlichen. Morgen aber wird, da sich noch einige Mitglieder nachträglich gemeldet haben, eine zweite Auflage erscheinen und es wird gut sein, wenn die Herren, die etwaige Irrthümer darin finden, dieselben zum Zweck der Verbesserung bezeichnen, und zwar in der Druckerei der hiesigen Postzeitung.

Für die morgende Tagesordnung sind zwei Gegenstände angemeldet, die ich den Herren noch mittheilen will.

Herr Mohl hat einen, von etlichen siebenzig Mitgliedern unterstützten Antrag überreicht, betreffend die Zoll- und Handelsverhältnisse. Es lautet dieser Antrag wie folgt:

Antrag.

Die Versammlung spricht in Beziehung auf die Zoll- und Handelsverhältnisse Deutschlands ihre Ansicht dahin aus:

1) erklärt sie sich mit der Ablehnung des Handelsvertrags mit Frankreich vollständig einverstanden, und ist der Ueberzeugung,

2) daß das Recht Oesterreichs und des Zollvereins auf die Aufnahme Oesterreichs in den Zollverein festzuhalten ist;

3) daß eine etwaige Revision des Zollvereinstarifs, sowie die Erneuerung des Zollvereins nur unter gemeinschaftlicher Verhandlung mit Oesterreich zu bewirken ist;

4) daß dabei der Schutz der deutschen Arbeit unverrückt im Auge zu behalten ist.

Moritz Mohl. — Dr. Brinz. — Scheurl — Buddeus. — Zimmern. — Dahmen. — v. Meysenburg. — v. Uria — Froebel. — Obermüller. — Bader. — v. Berlichingen. — Neuffer. — Prieger. — Schulz. — v. Barnbüler. — Adam. — Nidel. — Jaeger. — Kapp. — Molitor. — v. Rotenhan. — v. Steinsdorf. — v. Thüngen. — Weinmann. — von Udenbroth. — v. Reul. — Gietl. — Hirschberger. — v. Pfetten. — Grimm. — v. Thüngen. — zu Guttenberg. — H. v. Gagern. — v. Lerchenfeld. — v. Sommaruga. — v. Wydenbrugk. — Graf Buttler. — v. Redwig. — Großmann. — Herren. v. Kersdorf. — W. v. Güttlingen. — Göriz. — Ruf. — Forster. — Tomaschek. — Bayhinger. — Bissing. — Künßberg-Mandel. — Jungbanus. — Stahel. — v. Hutten. — v. Podwig. — v. Fuchs. — Scheplier. — Edmund. — Uhl. — Lichtenstein. — Mayer. — Walter. — Hahn. — v. Andlaw. — v. Chriómar. v. Stözingen. — v. Bobmann. — v. Ragened. — Sautier. — Wänler. — Bayrhammer. — O. v. Redwig. — v. Auffeß.

In Bezug auf diesen Antrag ist mir ein zweiter übergeben worden. Auch dieser ist von einer größeren Anzahl Herren unterschrieben, von Herrn von Rössing und mehreren Andern.

Wie mir die Herren mitgetheilt, wird durch diesen Antrag eine Verschiebung nicht beabsichtigt, die Sache kommt morgen auf die Tagesordnung und diese Herren wünschen nun, daß ein Comité von fünfzehn Mitgliedern als Ausschuß die Sache vorher berathe und uns morgen darüber Bericht erstatte. Es ist dieser Fall in unserer Geschäfts-Ordnung nicht vorgesehen; Herr Mohl hat ohne dies ein unbestreitbares Recht, daß sein Antrag unter allen Umständen zur Berathung kommt, denn er ist von 70 Mitgliedern unterschrieben, also von mehr als der durch die Geschäftsordnung verlangten Zahl unterstützt. Es wird sich also nur darum handeln, ob der Antragsteller Mohl mit dem zweiten Antrage einverstanden ist oder nicht. Ich wünsche, daß Herr Mohl die Rednerbühne betritt, und sich darüber ausspreche.

Mohl: Der Antrag ist von etlichen 70 Mitgliedern unterzeichnet, worunter, wie ich wohl sagen darf, eine Reihe von Männern sind, welche Sie alle als die ersten Staatsmänner von Deutschland anerkennen werden, und ich glaube nicht, daß es angemessen sein dürfte, ihn noch an eine Commission zu verweisen. Es ist bei keinem Antrag in der Welt zu erwarten, daß Jedermann damit einverstanden ist. Diejenigen Herren, die Bedenken dabei haben, und ihre Gegengründe dagegen anzuführen haben, werden bei morgen in der Versammlung, wenn sie es für gut finden, geltend machen. Ich möchte bitten, von Weiterungen in der Sache Umgang zu nehmen. (Bravo!)

Präsident: Nach dieser Erklärung des Herrn Mohl gebe ich einem der anderen Herren Antragsteller das Wort.

Bärens: Meine Herren! Die Stimmung ist in Norddeutschland bekanntlich dem Freihandel und Schutzzoll gegenüber eine andere wie in Süddeutschland: wir aber sind versammelt, um im Interesse des ganzen Deutschlands, so weit die deutsche Zunge klingt" zu berathen, und es ist deßhalb von der höchsten Wichtigkeit, daß morgen die Verhandlungen gerade so einmüthig geführt werden, wie dieß heute geschehen, und daß morgen nicht von Hannover ein Gegenantrag eingereicht wird, der auch eine bedeutende Anzahl von Stimmen finden würde, sondern daß wo möglich Einstimmigkeit erzielt werde und dazu ist eine vorherige Berathung durch einen Ausschuß höchst zweckmäßig.

Ich sehe nicht ein, welche Gründe dagegen angeführt werden könnten, den Mohl'schen Antrag vorher einer Berathung unterziehen zu lassen, um womöglich ein vollkommen geeinigtes Programm zu erzielen, welches denselben Beifall in handelspolitischer Beziehung findet, den heute die Anträge in politischer Beziehung gefunden haben.

Präsident: Ich muß, da hier zwei verschiedene Ansichten bestehen, die Herren ersuchen, nochmals Platz zu nehmen. (Geschieht.)

Mohl: Meine Herren! Nur zwei Worte: Sie werden natürlich nicht erwarten, daß wenn etliche siebenzig Männer nach reifer Prüfung einen Antrag gestellt haben, dieselben ihn nachher wieder zurücknehmen. Werden von anderer Seite Anträge gestellt, so werden sie eben erörtert und es wird darüber abgestimmt werden, aber zu einer Modifikation unseres Antrags kann eine Commissionsberathung unmöglich führen.

Präsident: Ich habe bereits vorhin mit aller Bestimmtheit erklärt, daß von einem Zurückweisen des Antrags des Herrn Mohl auch nicht entfernt die Rede sein könne. Herr

5*

Mohl hat seinen Antrag geschäftsordnungsmäßig eingebracht, der Antrag ist gehörig unterstützt und ich habe bereits angekündigt, daß er ein Gegenstand der morgigen
Tagesordnung sein wird; dem steht aber begreiflich nicht
entgegen, daß über den Gegenstand eine Vorbesprechung in
einem engeren Kreise stattfinde und daß uns morgen das
Resultat dieser Prüfung mitgetheilt werde. Es ist dieß vielleicht zweckmäßig, vielleicht auch nicht; doch das werden
die Herren bei der Abstimmung jedenfalls entscheiden.

Der Antrag geht also dahin, daß eine Commission
von 15 Mitgliedern, deren Ernennung dem Büreau übertragen wird, den Antrag des Herrn Mohl und Genossen
für die morgige Tagesordnung vorberathe. Ich ersuche
diejenigen Herren, welche mit diesem Antrage einverstanden
sind, sich zu erheben.

Die Mehrheit hat dem Antrag zugestimmt.

Herr von Varnbüler wird einen weiteren Gegenstand zur Sprache bringen.

v. Varnbüler: Meine Herren! Gestern war bei der
Vorbesprechung von der Bildung eines großdeutschen Vereins die Rede. Es war damals angeregt, diesen Gegenstand sofort zu besprechen; dagegen wurde eingewendet, die
Versammlung möge vorerst klar werden über die Zwecke,
die durch einen solchen Verein verfolgt werden sollen und
es möge deswegen diese Jdee zurückgeschoben werden bis
die Versammlung in der Hauptsache ihre Beschlüsse gefaßt
haben würde. Das ist nun geschehen, und ich glaube, daß
die Versammlung sich nicht trennen sollte, ohne daß sie
einen solchen Verein gebildet haben wird. (Bravo!)

Würde das nun aber heute nicht beschlossen, würde
der Gegenstand nicht auf die morgige Tagesordnung gebracht, so fürchte ich, da auf der morgigen Tagesordnung nur ein Gegenstand ist, daß die Versammlung sich
trennen könnte und daß dieser, wie mir scheint, außerordentlich wichtige Zweck unerreicht bliebe. Ich bin deshalb erlaubt, einen kurzen Statutenentwurf zu fertigen und
ich beantrage, diesen Statutenentwurf, welchen ich mir erlauben werde, Ihnen vorzutragen, zu einer Berathung durch
ein Comité zu empfehlen in der Weise, daß dieses Comité
von dem Büreau gewählt würde, das dasselbe einen Bericht über den Statutenentwurf heute noch fertigen und
seine Anträge über denselben in der morgigen Sitzung bringen würde, so daß die Versammlung morgen über die Bildung eines Vereins und dessen Statuten Beschlüsse fassen
könne.

Ich erlaube mir Ihnen den ausgearbeiteten Entwurf
vorzutragen; er lautet folgendermaßen:

Statuten für einen deutschen Reformverein.

§. 1.

Zweck des Vereins ist zunächst, die Reform der deutschen
Verfassung nach Kräften zu fördern.

Der oberste Grundsatz ist, Erhaltung der vollen Integrität Deutschlands und Bekämpfung jedes Bestrebens,
welches die Ausschließung irgend eines Theiles von
Deutschland zum Zweck oder zur Folge hätte.

§. 2.

Der Beitritt zu dem Vereine wird durch Unterzeichnung der Vereinsstatuten erklärt und die Beitretenden
verpflichten sich, dem Vereine weitere Mitglieder zu werben
und in ihren Kreisen die Bildung von Zweigvereinen
auf Grund dieses Statuts sich angelegen sein zu lassen.

§. 3.

Jedes Mitglied verpflichtet sich zur Entrichtung eines
vorauszubezahlenden Jahresbeitrages von einem Vereins-
thaler.

§. 4.

Die Leitung der Vereins-Angelegenheiten ist einem
Ausschusse von vorerst 21 Mitgliedern übertragen, welcher
sich nach Bedarf aus den Organen der Zweigvereine ver-
stärken kann.

§. 5.

Dieser wählt einen Vorsteher und einen engern geschäftsführenden Ausschuß von 6 Mitgliedern.

§. 6.

Dem engern Ausschuß bleibt überlassen, einen Schriftführer und Kassier zu bestellen.

Schriftführer und Kassier erhalten angemessene Bezahlung; Ausschußmitglieder werden für ihre Auslagen
entschädigt.

§. 7.

Die Abtheilung der Geschäfte zwischen dem weiteren
und engern Ausschuß ist eine Befugniß des weiteren
Ausschusses.

§. 8.

Der weitere Ausschuß verfügt über die Geldmittel
des Vereins, gegen Rechnungsablage und unter Verantwortung gegenüber der Generalversammlung des Vereins.

§. 9

Eine Hauptaufgabe der Vereinsführung ist, durch die
Presse für die Zwecke des Vereins zu wirken.

§. 10.

Jedes Jahr findet eine regelmäßige Vereinsversammlung statt, außerdem steht dem Ausschusse zu, außerordentliche Versammlungen zu berufen.

§. 11.

Der nächsten Generalversammlung bleibt die Revision
dieser Statuten vorbehalten.

Meine Herren! Wie gesagt, ich beantrage nur, daß
dieses Statut einem Ausschuß zur Begutachtung vorgelegt
werde, daß dieser Ausschuß, aus fünf Mitgliedern bestehend,
von dem Büreau gewählt werde, und seinen Bericht morgen zu erstatten hätte, so daß dieser Gegenstand morgen
von der hohen Versammlung erledigt werden kann.

Präsident: Meine Herren! Das Büreau hat sich
über das zur Prüfung des Mohl'schen Antrags nieder zu
setzende Comité geeinigt, und hiernach hat dasselbe aus
folgenden Herren zu bestehen: Dr. Benedict aus Wien,
Harthmuth aus Böhmen, v. Kerstorf aus Augsburg,
Frhr. v. Lerchenfeld aus Bayern, Merck aus Hamburg, Moriz Mohl aus Stuttgart, Reuffer aus Regensburg, Regenauer aus Carlsruhe, Bar. Riese-Stallburg aus Böhmen, Frhr. v. Rössing aus Hannover,
Schäffle aus Tübingen, Frhr. v. Varnbüler aus
Württemberg, Witte aus Hannover, v. Wydenbrugk,
v. Zehmen aus Sachsen.

Diese fünfzehn Herren werden nunmehr eingeladen,
sich heute nach ihrem Ermessen zu versammeln und den

Gegenstand vorzuberathen, damit er morgen zur Verhandlung kommen kann.

Was sodann den Vorschlag des Herrn v. Barnbüler anlangt, so möchte ich demselben zu erwägen geben, ob es nicht besser wäre, zur Vorberathung seines Antrags sieben Mitglieder zu wählen. (Zustimmung von Seite des Herrn Barnbüler.)

Zur Vorberathung des Statutenentwurfs hat das Büreau folgende sieben Herren gewählt: Frhr. v. Barnbüler, Fröbel, Frommann aus Jena, Frhr. v. Gagern, Groß aus Oesterreich, Frhr. v. Sommaruga, Witte aus Hannover.

Auch diese Herren werden ersucht, die Sache rechtzeitig zur morgigen Tagesordnung vorzubereiten.

Noch eine Bemerkung, meine Herren. Die Aufzeichnungen der Stenographen werden morgen früh um 9 Uhr hier aufliegen, und es können diejenigen Herren, welche gesprochen haben, dieselben durchsehen, und etwaige Irrthümer berichtigen.

Die nächste Sitzung beginnt Morgen Vormittag 10 Uhr und die Tagesordnung bilden folgende Gegenstände:

1) Frage der Bildung eines großdeutschen Vereins und
2) die handelspolitische Frage.

Damit schließe ich die heutige Sitzung.

(Schluß nach 4 Uhr Nachmittags.)

Zweite Sitzung am 29. October 1862.

Präsident: Ehe wir unsere Tagesordnung beginnen, habe ich Ihnen mitzutheilen, daß Herr Dr. Reclam aus Leipzig angezeigt hat, er sei durch dienstliche Verhältnisse verhindert, zu erscheinen. Er spricht in seinem Briefe sein Bedauern darüber aus und zeigt zugleich an, daß er eine Anzahl Exemplare der Zeitung „Adler" beigelegt habe und deren Vertheilung an die Mitglieder der Versammlung wünsche. Ich habe die Vertheilung bereits angeordnet.

Wir gehen nun zur Tagesordnung über. Der erste Gegenstand nach der gestrigen Feststellung ist die Berathung der Frage, ob ein Großdeutscher Verein zu bilden sei. Das Comité, welches zu diesem Behufe niedergesetzt worden ist, hat sich mit diesem Gegenstande beschäftigt und ich ersuche den Herrn v. Varnbüler, Vortrag zu erstatten.

v. Varnbüler: Meine Herren! Das Comité, welches gestern bestellt worden ist für den fraglichen Gegenstand zu berichten, geht von der Ansicht aus, daß, wenn auch sämmtliche Mitglieder dieser Versammlung entschlossen wären, einen Verein zu bilden und sich an diesem Verein zu betheiligen, es doch nicht Sache dieser Versammlung als solche wäre, die Statuten des Vereins zu berathen und zu beschließen; da dies vielmehr Sache der Vereins-Versammlung sein würde, welche jedoch sofort aus der Versammlung und zwar in continuo hervorzugehen hätte. Das Comité schlägt Ihnen folgende Resolutionen vor: Die Versammlung erachtet es für den Zweck, den sie hier verfolgt, förderlich, wenn sich ein dauernder Verein mit ähnlichen Zwecken bildet; sie ladet dazu ein und überläßt denen, die sich daran betheiligen wollen, dazu sofort zu schreiten, das ist zu verstehen, nach Erledigung unserer Tagesordnung. Hiernach wäre eigentlich die Aufgabe des Comité geschlossen, allein das Comité beantragt den Entwurf, welchen ich gestern zu verlesen die Ehre hatte, wesentlich, und namentlich in der Beziehung zu ändern, daß es den Zweck des Vereins so erweitert hat, daß jedes Mitglied, welches großdeutsch gesinnt ist, eben dann beitreten kann, daß also nomentlich diejenigen Herren, welche in Betreff unserer Beschlüsse gestern discutirt haben, demselben sich anschließen können. Damit nun jedes Mitglied in der Lage ist, sich zu überlegen, ob er dieser Vereinsverhandlung beiwohnen will oder nicht, so werde ich mir erlauben, die Statuten zu verlesen, jedoch mit dem Bemerken, daß jede Verhandlung, die Diskussion derselben verschoben bleibt, auf die Vereinsversammlung, die sofort dieser folgen wird. Die Statuten, wie das Comité sie Ihnen vorschlägt, sind folgende:

Statuten für einen deutschen Reform-Verein.

§. 1.
Zweck des Vereins ist zunächst, die Reform der deutschen Bundesverfassung nach Kräften zu fördern.

Der erste Grundsatz ist, Erhaltung der vollständigen Integrität Deutschlands und Bekämpfung jedes Bestrebens, welches die Ausschließung irgend eines Theiles von Deutschland zum Zwecke oder zur Folge hätte.

§. 2.
Der Beitritt zu dem Verein wird durch Unterzeichnung des Vereinsstatuts erklärt und die Beitretenden verpflichten sich, dem Verein weitere Mitglieder zu werben und in ihrem Kreisen die Bildung von Zweigvereinen auf Grund dieses Statuts sich angelegen sein zu lassen.

§. 3.
Jedes Mitglied verpflichtet sich zur Entrichtung eines vorauszubezahlenden Jahresbeitrags von einem Vereins-Thaler.

§. 4.
Die Leitung der Vereins-Angelegenheiten ist einem Ausschusse von vorerst 24 Mitgliedern übertragen, welche sich nach Bedarf aus den Organen der Zweigvereine ergänzen können.

§. 5.
Dieser wählt einen Vorsteher und einen engern geschäftsführenden Ausschuß von 6 Mitgliedern.

§. 6.
Dem engeren Ausschuß bleibt überlassen, einen Schriftführer und Kassier zu bestellen. Schriftführer und Kassier erhalten eine angemessene Bezahlung.

Ausschuß-Mitglieder werden für ihre Auslagen entschädigt.

§. 7.
Die Abtheilung der Geschäfte zwischen dem weiteren und engeren Ausschuß ist im Begriff des weiteren Ausschusses.

§. 8.
Der weitere Ausschuß verfügt über die Geldmittel des Vereins gegen Rechnungsablage und Verantwortung gegenüber der Generalversammlung des Vereins.

§. 9.
Eine Hauptaufgabe der Vereinsführung ist, durch die Presse für die Zwecke des Vereins zu wirken.

§. 10.
Jedes Jahr findet eine regelmäßige Vereinsversammlung statt, außerdem steht dem Ausschuß zu, außerordentliche Versammlungen zu berufen.

§. 11.
Der nächsten Generalversammlung bleibt die Revision der Statuten vorbehalten."

Ich habe noch zu bemerken, daß ich eine Anzahl von Abschriften habe fertigen lassen, damit jedes Mitglied in der Lage ist, sich über den Inhalt der Statuten zu unterrichten.

Präsident: Sie haben den Vortrag unseres Comités gehört. Der Antrag, wie er heute gestellt ist, geht nicht dahin, daß die Vereinsstatuten hier in dieser Versammlung berathen und festgestellt werden sollen, sondern es soll hier nur im Allgemeinen ausgesprochen werden, die Bildung eines solchen Vereines erscheine zweckmäßig. Es würde dann, wenn dieser Antrag angenommen wird, sofort eine Liste circuliren, in welche sich diejenigen einzeichnen, die an der Berathung der Statuten des Vereines Theil zu nehmen gesonnen sind, und es würden diese Herren sodann am Schlusse der heutigen Versammlung zusammentreten, um die Statuten zu berathen und festzustellen.

Ich eröffne nun die Discussion über diesen Antrag des Comités und bemerke, daß sich bereits mehrere Herren zum Worte gemeldet haben. Es fragt sich aber, ob die Herren über den jetzt zur Discussion ausgesetzten Gegenstand oder vielleicht über die Statuten selbst das Wort nehmen wollen, was ich nicht beurtheilen kann, da sie sich zum Worte gemeldet haben, ehe der Comité-Antrag bekannt gegeben wurde. Wenn ihre Absicht wäre, über das Statut und die einzelnen Bestimmungen desselben zu sprechen, so müßte ich Sie ersuchen, dieses jetzt zu unterlassen, da sich die jetzige Discussion auf die Frage beschränken muß, ob dem Vorschlag des Comités entsprechend in der Sache vorgegangen werden solle.

Buß aus Freiburg: Meine Herren! Ich werde nicht in die Discussion eingehen, aber ich glaube es wird zur Erleichterung und Beschleunigung der Sache dienen, wenn die erste Frage von Allen bejaht würde und die Discussion dann unmittelbar nach der Discussion über die Handelsfrage hier in continuo vorgenommen wird. Ich glaube ich, daß jedes Wort vor der Hand überflüssig ist.

Scheurl aus Ellwangen: Meine Herren! Ich habe mir das Wort erbeten, natürlich nicht sowohl über die Frage, ob ein großdeutscher Verein gebildet werden soll (ich glaube darüber werden wir alle einig sein), als nur mit wenig Worten Ihnen meine Auffassung unserer Aufgabe darzulegen.

Die Bildung eines großdeutschen Vereines oder eines deutschen Reformvereins, wie er wohl besser jetzt benannt werden sollte, hat die Bedeutung einer Parteibildung. Darin liegt, daß wir uns zu einem Kriege rüsten. Dabei muß aber unser Ziel nicht der Krieg sein, sondern der Friede.

Ein Krieg, der zu einem raschen, nicht faulen, sondern dauerhaften, wahren segenbringenden Frieden führen soll, muß als ein Vernichtungskrieg geführt werden. Aber in welchem Sinne soll unser Krieg als ein Vernichtungskrieg geführt werden? Meine Herren! Lassen Sie es uns nicht verhehlen, es ist in einem gewissen Sinn ein Bruderkrieg, in den wir gehen; denn er soll geführt werden zwischen Deutschen. Wir können darin also nicht vernichten wollen unsere Gegner, sondern was vernichtet werden soll, das soll sein der Gegensatz zwischen unsern Gegnern, unsere Gegner selbst müssen wir gewinnen wollen.

Gegensätze vernichtet man nicht dadurch, daß man sie verdeckt oder verschweigt; Gegner gewinnt man nicht wahrhaft dadurch, daß man sich den Anschein gibt, als sei man nicht ihr Gegner; aber Gegensätze hebt man dadurch auf, daß man das wirklich Gemeinsame, was man mit ihnen hat, pflegt, daß man das Gebiet des wirklich Gemeinsamen möglichst zu erweitern sucht, daß man das Gemeinsame in dem Sinne pflegt, damit dadurch der Gegensatz mehr und mehr verschwinden möge.

Meine Herren! Ich möchte es von allen unseren Gegnern sagen können; wenn ich das aber auch nicht kann, so kann und muß ich mit aller Ueberzeugung es von vielen, von sehr vielen unserer Gegner sagen:

„wir sind mit ihnen vollkommen einig, und sie mit uns in der Liebe des Vaterlandes, in dem Streben nach der Einheit, weil sie allerdings dabei sich nicht verhehlen, daß unser Weg wirklich zu diesem Ziele führt, um so mehr wird die Reihe unserer Gegner sich lichten, um so mehr werden wir unsere jetzigen Gegner in unsere Freunde und Bundesgenossen verwandeln.

Meine Herren! Ich habe gesagt, unser Krieg ist in einem gewissen Sinne ein Bruderkrieg; das meine ich auch in dem Sinne, weil es allerdings dabei sich nicht schlechthin um eine politische Meinungsverschiedenheit handelt, sondern es spielt dabei gewaltig herein die Verschiedenheit der Stämme, die Abneigung, die zum Theil auch durch diese Verschiedenheit der Stämme bedingt ist. Um so mehr müssen wir unseren Krieg in versöhnlicher Weise führen. Wir wollen die äußere Einigung Deutschlands haben. Sie kann nur gelingen auf Grund der innerlichen Einigung. Lassen Sie uns also nichts thun bei unseren Bestrebungen, was diese innerliche Einigung erschweren kann.

Meine Herren! Wir müssen ja namentlich gewissen Bestrebungen entgegentreten, die als preußische Bestrebungen bezeichnet werden oder wenigstens als Bestrebungen bezeichnet werden, die im Namen Preußens hervortreten. Lassen Sie uns dabei uns wohl hüten, zu nahe zu treten der Ehre des preußischen Volkes, der Ehre des preußischen Fürstenhauses.

Meine Herren, das deutsche Volk hat alle Ursache, stolz zu sein darauf, daß es das Preußen, den preußischen Volksstamm, zu seinen Gliedern, daß es die Hohenzollern zu seinen Häuptern zählt. (Ruf: Schluß!)

Präsident: Meine Herren! ich muß bitten, da ich voraussetze, daß der Herr Redner sich kurz fassen wird, ihn aussprechen zu lassen.

Scheurl: Meine Herren! Erlauben Sie mir noch Eines zu sagen. Wir wollen eine Partei bilden; seien wir aber dabei unparteiisch, bleiben wir dabei auch gerecht nach Außen, seien wir nicht blind gegen Schäden und Mängel in unserer eigenen Mitte.

Hüten wir uns auch davor nach Möglichkeit den Kampf zu weit auszudehnen, bis wir uns drohen, daß er unnöthig gewisse engere Verhältnisse des Zusammenlebens und des Zusammenwirkens berühre.

Ich bätte Ihnen gerne noch ein Wort gesagt „über unser Verhältniß zu den Regierungen". Wir wollen, meine Herren, uns mit den Regierungen nicht. Darin liegt darin, daß unser Verein ein Reformverein sein soll. Wir werden mit den Regierungen gehen, insofern es ihr Beruf ist, die Sache des Vaterlandes, die Sache des Volkes, die Sache der Freiheit, zu der ihrigen zu machen. Insofern werden wir allen Regierungen dienen. Ich möchte aber nicht, meine Herren, daß unserem Vereine deswegen von Seiten der Regierungen Begünstigungen zu Theil werden. Unser Kampf mit unsern Gegnern muß geführt werden als ein Kampf mit vollkommen gleichen Waffen. Wenn ich eine Gunst unserem Vereine von den Regierungen wünsche, so ist es die, daß sie unsere Warnungen, unsere Mahnungen, die wir mit dem gleichen Freimuth an sie richten werden, Gehör geben, daß sie mit allem Ernste und auch mit der nöthigen Opferwilligkeit an das Werk der Reform der deutschen Bundesverfassung gehen, das wir erstreben.

Rader aus Freiburg: Meine Herren! Ich wollte auf das Wort verzichten und dasselbe erst nehmen bei der Discussion der Vereins-Statuten; der Vorredner hat mich veranlaßt, einige Worte der Erläuterung zu sprechen.

Meine Herren! ich werde sehr kurz sein. Der Vorredner sagte, wenn wir einen großdeutschen Verein bilden, so rüsten wir uns zum Kriege, andererseits sagt er, wir wollen Frieden schließen. Meine Herren! Nein! beides ist irrig. Der großdeutsche Verein hat keine Armee um Krieg zu führen und sein Organ ist kein Unterhändler des Friedens.

Meine Herren! Wir haben bisher mit unsern Gesinnungen isolirt gestanden, allein unsere Gegner waren zusammen, sie hatten Disciplin, Kraft und Mittel. Wir hatten keine. Wir wollen uns in unserer Gesinnung zusammenfinden, wir wollen gemeinschaftlich arbeiten und zu dieser gemeinschaftlichen Arbeit braucht man Organisation und Disciplin. Wenn man aber, meine Herren, will selbständig sein, so muß man sich allerdings zu vertheidigen wissen; wer nicht sich vertheidigen kann, der kann nicht bestehen. Es gibt ein altes Sprichwort: „willst du den Frieden, so bereite den Krieg", insofern haben die Herren Recht, aber der Krieg ist nicht unser Zweck, sondern die Durchführung unserer Ueberzeugung in Beziehung auf Deutschlands Einigung. Wir haben keineswegs, meine Herren, den Rahmen zu eng gespannt, in dem wir uns finden wollen. Meine Herren, in diesem Rahmen haben viele Platz.

Hier sehen wir welche, die demokratisch sind, wir sehen andere, die rein monarchisch sind; meine Herren, es sind unter uns nur zwei Richtungen nicht vertreten, nämlich die eine der absoluten Staatsomnipotenz und des Polizeistaates. (Bravo!). Die sind nicht unter uns und es sind nicht unter uns diejenigen, die Deutschland zerreißen wollen, es sind nicht diejenigen unter uns, die die Autonomie einzelner Bestandtheile aufgeben wollen, um irgend etwas zu bilden, was von vornherein keinen Halt hat. (Bravo!)

Wir haben uns zusammenzufinden, gemeinschaftlich zu arbeiten für Krieg oder Frieden, dann können wir dahin kommen für unsre Ueberzeugung gemeinschaftlich zusammenzustehen. Das, meine Herren! ist der Zweck des Vereins (Bravo!). Meine Meinung über die Organisation und die Statuten auszusprechen, das, meine Herren, behalte ich mir bis zu gelegenerer Zeit vor.

Professor Wildauer aus Innsbruck: (Wird mit großem Beifall empfangen.) Meine Herren! Die freundliche, ehrende Aufnahme, die Sie mir bei meinem Erscheinen auf dieser Tribüne angedeihen lassen, erfüllt mich mit inniger Freude.

Ich bin wohl im Recht, wenn ich dieselbe mit meinem Auftreten in der Schützenfesthalle in Zusammenhang bringe. Meine Herren! es freut mich, daraus zu erkennen, daß ich damals auch Ihnen als Organ Ihrer Gesinnungen gedient habe. (Ja wohl!) Die Zustimmung, die Sie breite zu erkennen mir geben, beziehe ich natürlich nicht auf meine Person, sondern nur auf jene Gesinnungen, die wir Alle gemeinsam theilen, und als Organ ich in der Schützenhalle gedient habe. Meine Herren! Ich habe mich um Wort gemeldet, um über die Bildung des großdeutschen Vereines und die Art seiner Organisirung zu sprechen; aber nach dem Antrage des Herrn Berichterstatters und nach dem Ausspruch des Herrn Präsidenten kommt das Organisirungsstatut jetzt nicht in Frage. Es wird vielmehr dessen Berathung bis zur Gründung des Vereines selbst verlegt. Daß die Nothwendigkeit eines solchen Vereines von Allen erkannt, seine Bildung von Allen gewollt werde, darüber kann wahrlich kein Zweifel sein. Sind Sie nicht Alle hier hergekommen im Namen des gleichen deutschen Reformgedankens (Ja, ja!) und wollen Sie bloß bei den Resolutionen, die Sie gestern beschlossen haben, thatlos stehen bleiben? (Nein, nein!) Sie wollen es nicht, meine Herren. Ich traue zwar diesen Resolutionen entschiedene Wirksamkeit zu — eine Wirksamkeit für uns selbst und eine Wirksamkeit für das deutsche Land, für das deutsche Volk; aber leider würden sich diese Wirkungen selbst abschwächen und wieder verlieren, wenn nicht unablässig erneute Impulse immerfort dieselbe neue Erregung hervorrufen würden. (Sehr wahr!) Meine Herren! Die Bildung eines Vereines und die Wirksamkeit desselben wird, wie mir scheint (soweit es auf Privatkraft ankommt) nichts anderes sein, als das Bestreben, das was die geistige Resolution in der Sprache der Theorie gefaßt hat, in die lebendigere, eindringendere, wirksamere Sprache der Praxis zu übersetzen. Meine Herren! Großdeutsch Gesinnte gibt es überall herum in den deutschen Landen. In tausend und aber tausend Herzen, ja in Millionen Herzen sitzt der großdeutsche Gedanke fest; aber leider wirkt er nur zu stille und zu verschlossen bewohrt. (Sehr wahr!) Er soll nun heraustreten in das öffentliche Leben, soll sich zeigen und dem Volke das Bild des großen Deutschland einmal vorführen. (Bravo!) Erst der „deutsche Reformverein", den zu begründen wir im Begriffe stehen, wird den deutschen Reformgedanken, soweit es auf uns ankömmt, verkörpern, und so in leibhaftiger Gestalt vor das Volk hintreten lassen; und erst die Action dieses Vereines wird die Wirksamkeit des großdeutschen Principes sein. Principien wirken nicht durch sich selbst, sondern durch die Ausdauer, durch die Beharrlichkeit ihrer Träger. Von der Stärke, mit der ein Princip vertreten wird, hängt auch der Glaube an die Kraft, Lebens- und Entwicklungsfähigkeit des Principes selbst ab. (Sehr gut!) Ich sehe, Sie stimmen mir bei. Ich gehe noch einen Schritt weiter. Selbst der Glaube an die Berechtigung eines Principes hängt von der Kraft und Entschiedenheit ab, mit der man dafür eintritt; sogar ein falsches und verkehrtes Princip, wenn es mit Geist und Witz, mit Aufgebot von Verstand und materiellen Kräften, mit Aufopferung vertreten wird, blendet durch den Glanz der aufgewandten Mittel den Blick der Menge; von diesem Glanze bestochen, übersieht sie die Falschheit des Principes und kann nicht glauben, daß ein Absurdum in dem stecke, wofür so viel Geist, Verstand und Kraft aufgeboten wird. (Sehr wahr!) Und umgekehrt wendet sich das Urtheil, wendet sich die Schätzung der Menschen von dem besten Principe ab, wenn es lau, matt, schläfrig betrieben wird. (Ja, ja!) Das Princip, das stärker vertreten wird, das siegt, nicht bloß auf dem Gebiete der Thatsachen, sondern was noch entscheidender ist, auch in dem Urtheil der Menge. Daher hege ich keinen Zweifel, daß wir uns Alle zusammenthun werden zur Gründung eines großdeutschen Vereines, um mit dem großdeutschen Gedanken herauszutreten auf den Boden der Action. Man hat ja den kleindeutschen Gedanken so vielfach in Umlauf gesetzt, und dadurch hat er in manchen deutschen Ländern fast die Geltung eines Axioms angenommen, über das man kaum mehr eine Begründung, kaum mehr eine Rechenschaft nöthig erachtet. Ich bin ferne davon, den Vertretern dieses Gedankens bloß darum, weil sie dieser Richtung angehören, irgendwie nahe treten zu wollen; ich glaube vielmehr, daß dieser Richtung auch Männer angehören, deren Redlichkeit, lauterer Sinn und Begeisterung für das gemeinsame Vaterland außer allem Zweifel steht, aber das darf uns nicht hindern, auch die Wahrheit auszusprechen, daß man den kostbarsten Schatz des deutschen Nationalbewußtseins, den Gedanken des großen gemeinsamen Vaterlandes, aus dem Herzen des Volkes allmälig hinausgreifet hat (Sehr gut!), vielleicht auch ihn theils hinausgelogen, hinausgeschwindelt hat. (Stürmischer, wiederholter Beifall.)

Meine Herren! Zur diesem hohen Gedanken des großen gemeinsamen Vaterlandes hat man das Bild eines verkleinerten, verstümmelten Deutschlands, wie ein ächtes anstrebenswerthes Ideal untergeschoben, — ein Bild, das eben nur aus einigen Gliedern des großen Riesenleibes mit einem künstlich aufgesetzten Haupte aufgebaut wird. (Sehr gut!)

Treten wir hinaus, und zeigen wir dem deutschen Volke, das empfänglich ist für große Ideen, das Bild des großen gemeinsamen deutschen Vaterlandes und ich bin nicht im Zweifel, ob sich der Blick und das Herz dieses Volkes zu dem großen ächten Bilde oder zu einer Karrikatur, wenn ich es so nennen darf, hinwenden wird. (Beifall.)

Das deutsche Gemüth wird dann nicht irre gehen, sein deutsche Gemüth, das mit seinem innigsten Gefühl hervorgetreten ist beim Schützenfeste in Frankfurt, bei dem Juristentag in Wien, bei dem Künstlerfest in Salzburg. Der deutsche Verstand geht hier und da irre, wenn er, von falschen Voraussetzungen geleitet, in seinen Combinationen weitergeht. Wünschen wir nur deßhalb alle, daß der deutsche Verstand in Zukunft in politischen Dingen immer so richtig denkt, wie richtig das deutsche Herz fühlt. (Bravo!)

Erlauben Sie mir noch, meine Herren, zu bemerken, daß wir den Muth haben dürfen, mit unseren deutschen Reformgedanken vor die Welt hinauszutreten. Wir treten hinaus in Kraft eines großen, von uns Allen anerkannten Principes. Zur sittlichen Kraft dieses Principes gesellt sich aber noch eine Fülle von erhebenden Momenten aus der geistigen Versammlung. Ich bitte die hochgeehrte Versammlung um Geduld um die Erlaubniß, einige dieser Momente namentlich vorführen zu dürfen. Meine Herren! Einstimmigkeit herrschte, gründliche, herzliche, aufrichtige Einstimmigkeit über das große gemeinsame Ziel; Abweichungen stellten sich ein bezüglich der Wahl der dazu führenden Wege. Unter dem Beifall der Versammlung ist ein Mann hier auf die Tribüne getreten, der nicht bloß der Glanz einer großen Vergangenheit, das auch die Liebe und die Verehrung Deutschlands umgibt, ein Mann, ein wahrer Freiheit in seinen Anschauungen, rein in seinem Wollen, kräftig im seinem Streben und, wenn auch vorgerückt an Jahren, doch jugendlich frisch in der Begeisterung für das große gemeinsame Vaterland. Und später ist hier angetreten ein erprobter parlamentarischer Ringer, ein ehrlicher, offener, entschiedener Sohn des Schwabenlandes, doch verdient auf volkswirthschaftlichem Boden. Beide haben

abweichende Ansichten in Bezug auf die Wahl des Weges vorgetragen. Die Versammlung theilt mit ihnen gewiß dasselbe große Ideal; die Versammlung theilt mit ihnen das große Bild von der Macht und Herrlichkeit des deutschen Reiches, und die Bilder verwandeln sich gewiß auch in allen andern Herzen in warme patriotische Wünsche.

Aber die Versammlung hat geglaubt, die erste Position, die von den Regierungen gegeben war, schnell ergreifen und festhalten zu sollen, aber nur als Ausgangspunkt. Die Versammlung hat geglaubt, den ersten Schritt, der von den Regierungen gethan ward, dankbar anerkennen zu sollen, und den Schritt entschlossen mitzumachen; aber nicht, um auf dem Posten Stillstand zu halten, sondern um weiter zu schreiten. Und was geschah? Kaum war die Abstimmung gefallen, so trat der edle Freiherr als Comitémitglied mit in den Ausschuß ein, der die Bildung des großdeutschen Vereins und den Statutenentwurf zu berathen hat. Und der wackere Schwabe trat sofort mit einem Antrag auf, der eine breite, solide und unzerstörbare Grundlage für die Einigung Deutschlands vorschlägt.

Meine Herren! Wo so viele Selbstverleugnung, so viel Opfermuth zu sehen ist, da ist es ein Stolz, mit von der Partei zu sein. An dem Muth, an der Begeisterung dieser Männer für das gemeinsame hohe Ziel können wir uns auch die eigene Begeisterung entzündeten.

Meine Herren! Wir haben ferner Ursache muthig zu sein für eine Sache, für die ein Mann spricht mit dem immensen Reichthum an Kenntnissen, mit der Schärfe, Frische und dem Adel eines Staatsmannes von Mydenburg. (Beifall.) Wir haben ferner Ursache, muthig zu sein für eine Sache, für die ein Ueckenfeld, ein Weis, ein Barnbüler und wie sie alle heißen mögen, aufgetreten sind; für die ein Hegenburg, ein Edel, wenn sie auch nicht hier zu sprechen in der Lage waren, entschieden einstehen.

Meine Herren! Ich führe diese Namen an, nicht um mich bloß auf die Autorität derselben zu berufen, sondern ich glaube, schon die Thatsache, daß diese Männer für diese Sache eingestanden sind, ist für uns ein Beweis, daß das praktisch Erreichbare getroffen ist. (Beifall.) Denn ich höre in den Stimmen dieser Männer nicht bloß Privatäußerungen von einzelnen Personen, ich höre darin die Stimme der bayerischen und würtembergischen Kammer, die Stimme Bayerns und des Schwabenlandes. Wenn aber Bayern und Würtemberg sich für einen gewissen Ausgangspunkt, für gewisse Bahnen der Reformbewegung entscheiden, wenn sie hingegen weitergehende Resolutionen ablehnen, da, glaube ich, haben wir Grund, vorauszusetzen, daß eben das praktisch Erreichbare getroffen sei.

Erlauben Sie mir noch auf einen Umstand aufmerksam zu machen. Wir haben früher bedauert, daß verhältnißmäßig so wenige Oesterreicher als Theilnehmer an dieser Versammlung erschienen sind, obgleich wir mit Recht voraussetzen können und müssen, daß sie alle die lebendigste Theilnahme für die Zwecke dieser Versammlung hegen. Denn Sie wissen, wie deutsch der Oesterreicher fühlt. Heute bedauere ich nicht mehr, daß sie in kleiner Anzahl erschienen sind. Wären Oesterreicher in diesem Saal massenhaft aufgetreten, dann hätte vielleicht die Der ächtigung sehr bald die Anklage hinausgeschleudert, die Oesterreicher hätten hier als Ciceromes pro domo sua gesprochen, sie hätten als Richter in eigener Sache abgeurtheilt. Jetzt ist die Phrase gründlich abgethan. Mehr als ein halbes Tausend unabhängiger Männer aus allen Gauen Deutschlands, nur folgend ihrem richtigen deutschen Sinn, ihrem Blick nur hinwendend auf das gemeinsame Interesse als ihren einzigen Leitstern, haben hier friedlich ausgesprochen, sich zu halten an der Gemeinsamkeit mit allen deutschen Ländern, namentlich aber an ihrer Gemeinsamkeit mit Oesterreich, mit jenem Oesterreich, das euch von Deutschland nimmer lassen wird und nimmer lassen will, weil es von seiner Natur, seinem Recht, seinem Interesse und seiner Ehre nimmer lassen kann und nimmer lassen will. (Beifall.)

Meine Herren! Bevor ich schließe, erlauben Sie mir, noch ein Hauptmoment hervorzuheben, das ich eigentlich an die Spitze hätte stellen sollen. Was uns vorzüglich Muth geben kann, ist das gute deutsche Gewissen, nämlich das Bewußtsein, hier gleiche Herrlichkeit gehabt zu haben gegen alle deutschen Stämme, eine Herrlichkeit, gleich innig, gleich wahr und warm auch für die Widerstrebenden. Wenn daher auch vorläufig nicht alle deutsche Stämme dem Reformgedanken, wie er hier ausgesprochen wird, sich anschließen, so ist nicht zu besorgen, daß eine zweite Auflage des Kleindeutsch-land daraus hervorgehe. Wir sind nicht gekommen, um Copistenarbeit zu üben, ein fremdes Programm abzuschreiben und einen neuen Titel darauf zu setzen. (Beifall.) Was wir unter einem kleindeutschen Programm verstehen, ist etwas wesentlich Anderes in seinem Kern und in seiner Entfaltung. Das kleindeutsche Programm bringt eine schon fertige knappe Form, und will diese activiren auch auf die Gefahr hin, daß manche Glieder des deutschen Körpers sich nicht in diese Form fügen können. Es verlangt die Activirung eines centralistischen Bundesstaats mit einheitlicher Spitze, sowie eine Form, welche die Ausschließung mancher Glieder Deutschlands nothwendig zur Folge hat. Es läßt dieses Programm freilich einen späteren Eintritt offen. Aber es ist nicht ein Eintritt in eine Genossenschaft, sondern der Eintritt in ein Abhängigkeitsverhältniß. Das deutsche Reformprogramm hingegen, wie es hier aufgefaßt wird, läßt Allen den Beitritt offen, namentlich den zur Zeit noch widerstrebenden Gliedern des deutschen Bundes. Sie sollen hereinkommen, sie werden immer willkommen sein und zwar mit voller Gleichberechtigung, mit voller Geltung zwar nicht der mancherlei angesonnenen Prätensionen, aber mit voller Geltung jenes Gewichtes, auf das sie durch ihre Leistungsfähigkeit und ihre realen Leistungen Anspruch haben. Unser Princip will also das ganze große gemeinsame Vaterland.

Das ganze Deutschland soll es sein,
O Gott, im Himmel sieh darein.

(Stürmischer, lang andauernder Beifall.)

Dr. Michelis, Pfarrer in Albachten bei Münster: Meine Herren! Ich würde es mir bei Gott nicht erlaubt haben, überhaupt in dieser allgemeinen Frage, aber die Bildung des Vereins und speziell nach den Worten Müllauer's noch das Wort zu nehmen, wenn ich nicht ein ganz besonderes Moment in dieser Sache zu vertreten und hervorzuheben hätte und zwar grade als Preuße. (Bewegung.) Verziehen Sie nur nicht gleich die Gesichter, meine Herren! (Heiterkeit.) Ich sehe eine eigenthümliche Fügung des Schicksals darin, daß ich nach dem Manne, durch den die Schmerzenskinder zu einem unvergänglichen Stichworte in der deutschen Geschichte geworden sind, hinweisen kann auf den schnellen Gang der Nemesis, welche in diesem Augenblick auch Preußen vielleicht mit größerem Recht als damals Oesterreich als Schmerzenskinder bezeichnete. (Bravo!) Aber, meine Herren, in Großdeutschland gilt nicht der Grundsatz Zahn um Zahn, Aug um Auge, wir vergelten nicht Gleiches mit Gleichem. (Bravo!) Ich stehe hier unter

Ihnen als ein Angehöriger des preußischen Staates und ich verleugne meine Stellung und meine Unterthanenpflicht nicht, indem ich hier stehe. (Beifall.) Meine Herren, über die Ausführung des Gedankens eines großdeutschen Vereins sind wir Alle einig, keiner von Ihnen aber wird leugnen, daß unter den Umständen, wie sie jetzt sind, der schwerste Theil dieser Ausführung uns Großdeutschen in Preußen zu Theil geworden ist. Viele von Ihnen meinen vielleicht, es sei gar nicht wahrlich; wenn ich diesen Gedanken hegte, so wäre ich gar nicht hierhergekommen: es ist möglich, und es wird kommen und es wird sein, und das ist eben der Gedanke, den ich hier vertreten wollte. (Bravo!) Die versöhnliche Gesinnung, welche in dieser Versammlung geherrscht hat, hat es möglich gemacht. Wäre man aber irgend wie auf einer Seite zu weit gegangen, so wäre es unmöglich gewesen; jetzt aber ist es möglich, und darum wird es sein und jede Zustimmung in dieser Gesinnung wird die Möglichkeit näher legen, wird uns die Aufgabe erleichtern. Es ist natürlich unsere Sache, zu thun, was wir können. (Bravo!) Ich werde mir erlauben, zum Schluß noch einen Antrag zu bringen, daß eine zweite General-Versammlung in möglichst kurzer Zeit stattfinden möge unter dem Eindruck dieser ersten; von dieser ersten General-Versammlung haben sich sehr Viele nach meiner festen Ueberzeugung, und namentlich auch aus Preußen zurückgehalten, weil sie nicht wußten, wohin das Ding gehen sollte, weil sie nicht wußten, wie herrlich, wie correct die Gesinnungen waren, die sich hier äußerten. Treten wir jetzt damit in die Welt, so bin ich davon überzeugt, eine zweite General-Versammlung wird auch sehr zahlreich aus Preußen vertreten sein, und wenn Einer einmal den großen, mächtigen und lebendigen Eindruck in sich aufgenommen hat, so wird auch der Kern eines großdeutschen Vereins in Preußen gelegt sein.

Das aber, was ich jetzt noch ausführen will, ist dies, meine Herren, verwechseln wir nicht die augenblickliche preußische Politik mit dem augenblicklichen Volke. (Stürmischer Beifall.) Seitdem wir Preußen ein Volk sind, welches auch eine geschichtliche Stellung als Volk gewonnen hat, ist auch die Zeit vorbei, daß man uns abermals durch eine Politik wie Kriegsämmel führen wird auf jenen Weg, der mit Jena endigt. (Wiederholt stürmischer Beifall.) Der großdeutsche Verein ist nicht ein Feind, sondern ein Freund des ächten Preußen. (Bravo!) Preußen hat einen bösen Genius und einen guten Genius, wie vielleicht ein jeder Mensch; nach meiner Ansicht ist es aber die Aufgabe des großdeutschen Vereins, der gute Genius Preußens zu sein. (Lebhafter Beifall.) Das sind die wenigen Worte, die ich mich gedrungen fühlte auszusprechen, und ich danke Ihnen von ganzem Herzen für die Gesinnung, die Sie hier auf diese Worte geäußert haben; ich kehre mit der frohen Hoffnung nach Preußen zurück, daß es uns auch dort möglich sein wird, der großdeutschen Sache nach Kräften zu dienen. (Großer Beifall.)

v. Gagern: (Mit stürmischem Beifall empfangen.) Meine Herren! Der Beifall, mit dem Sie mich eben wieder begrüßen, versetzt mich in große Verlegenheit. Ich habe nicht immer das Glück, mit dem scheinbaren Ausdruck der öffentlichen Meinung zu geben, und so auch zweifle ich in diesem Augenblick. Aber im Glück ist es, ihm zu begegnen, das erkenne ich an. Ohne die Unterstützung der öffentlichen Meinung hat sein Streben eine Aussicht, ihre Ziele zu erreichen. Ich habe, nachdem die beiden geehrten Herren Vorredner Ihr Gemüth angesprochen haben, Sie, für einen Augenblick nur, auf ein Feld realer Erwägung zu führen.

Nachdem man den ausgezeichneten Redner aus Innsbruck gehört hat, so könnte man versucht sein, zu fragen, wie es denn möglich war, daß jemals der kleindeutsche Gedanke im Laufe der Reformbestrebungen aufkommen konnte? (Bravo.) Meine Herren! So steht aber denn die Sache doch nicht. Auf das Gedenken an den geschichtlichen Zusammenhang der verschiedenen Reformbestrebungen muß ich Sie kurz zurückführen, mit einer daran anzuschließenden Nutzanwendung. Der kleindeutsche Gedanke war bei den Trägern desselben, denen von der Nation wie von den Regierungen die Aufgabe gestellt war, eine einheitliche Verfassung für Deutschland suchen zu helfen, die nicht der alte bestehende Bund sein durfte, — es war jene Combination nicht etwa aus einer innern natürlichen Neigung entstanden zur Zerrissenheit und zum Kleinen. Die Sehnsucht nach der Größe der Nation war in ihnen lebendig und stark wie immermehr bei denen, die Großdeutsche sich nannten, ohne ihre Ziele und die Wege dahin bezeichnen zu können. Der kleindeutsche Gedanke ist hervorgegangen aus der damaligen Stellung Oesterreichs zu Deutschland, die eine andere war wie heute. Die Gesinnung der Oesterreicher, mit dem übrigen Deutschland ein engeres Band zu schließen, war damals nicht so entschieden ausgesprochen, wie es heute der Fall ist. (Sehr wahr!) Es war vielmehr offiziell erklärt und die öffentliche Meinung darüber in Oesterreich war schwer zu ergründen, — daß bezüglich des politischen Zusammenhangs mit Deutschland nicht einmal eine ideale Scheidungslinie gebildet werden könne, welche die deutschen Provinzen und diejenigen, die zum deutschen Bunde nicht gehörten, in so weit unterscheide, daß die ersteren anderen Gesetzen zu folgen hätten als die anderen. Aber eine Scheidungslinie in dieser Beziehung ist die Bedingung eines staatlichen Verhältnisses der deutschen Provinzen Oesterreichs zu dem übrigen Deutschland. Diese Bedingung muß erfüllt werden. Sie ist in der neueren Zeit insofern erfüllt worden, als in der Note, welche der Herr Graf Rechberg aus Veranlassung des Reformprojektes des sächsischen Ministers, Herrn Grafen Beust, an die sächsische Regierung gerichtet hat, — ausdrücklich ausgesprochen worden ist, daß Oesterreich die Betheiligung an der ferneren Entwickelung des deutschen Bundes jetzt nur für seine deutschen Provinzen in Anspruch nehme, und daß die österreichische Regierung dem Gedanken, die deutsch-österreichischen Provinzen an einer deutschen Nationalvertretung, wenn auch nur einer solchen mit beschränkter Competenz, Theil nehmen zu lassen, näher getreten sei. Damit ist also die frühere Erklärung zurückgenommen, daß also einmal eine ideale Trennungslinie zwischen den deutschen und nichtdeutschen Provinzen, wonach die einen anderen Gesetzen zu folgen hätten als die anderen, bestehen dürfe. Nach dieser nummerischen Erklärung des kleindeutschen Gedankens und meines Verhaltens (Bravo!) dazu, schließe ich mit der Nutzanwendung und einer Mahnung, namentlich an die Deutsch-Oesterreicher, von denen ich gewünscht hätte, in größerer Zahl in unserer Versammlung vertreten sein möchten. Diese Mahnung ist, daß sie in ihren Kreisen sich recht eifrig mit der Frage beschäftigen und sich darüber verständigen möchten, wie es denn für Deutsch-Oesterreich für die Zukunft möglich wird, unter den Einflüssen sich zu bewegen für Deutschland in zu wahren, welche eine zukünftige deutsche Centralgewalt und eine deutsche Nationalvertretung auf Oesterreich nothwendig ausüben muß. (Bravo!)

Dr. Löwenstern aus Hanau: Geehrte Herren! Nach den vortrefflichen Reden, die wir hier gehört haben, ist es

wahrlich, ich möchte selbst sagen, eine kühne Aufgabe, wenn ich hier auftrete und noch einige Worte sprechen will, da ich als sogenannter Novo homo vielleicht hier stehe (Heiterkeit); lachen Sie nicht, ich bin auch ein Schmerzenskind, ich bin ein Kurhesse und bin gerne gewesen, der hier die Rednerbühne betreten. Ich wollte nur hervorheben und wünschen, daß es allgemein anerkannt werde, daß trotz all' den kühnen deutschen Bemühungen, die ja wohl auch ihre Berechtigung gehabt, oder haben mögen, dennoch der großdeutsche Gedanke im deutschen Volke überall lebendig lebt und besteht. Herr Professor Wildauer hat bereits aufmerksam darauf gemacht, es aber meiner Ansicht nach nicht genug zur Klarheit gebracht. Er sagte, daß ja das deutsche Volk bei dem Schützenfest und bei allen den andern Festen diesen Gedanken kund gegeben habe; ich gehe weiter und sage, daß das Schillerfest schon diesen Gedanken so lebhaft im ganzen deutschen Vaterlande angeregt hat, denn durch das Schillerfest hat dieser Gedanke in dem deutschen Volke neue Nahrung und neue Kraft erhalten.

Sie werden sich wohl Alle erinnern, wie fast in allen Städten Deutschlands bei den Illuminationen, die stattfanden, die herrlichen Worte Schillers im Lichtfeuer brannten:

„Ihr sollet sein ein einig Volk von Brüdern,
In helfen stets bereit in Stunde der Gefahr."

Dieser Gedanke lebt überall in unsern Herzen, er zeigt sich bei jeder Gelegenheit und da dieser Gedanke so lebhaft lebt, so wird es auch keiner Presse, keinen Bemühungen gelingen, diesen Gedanken zu Grabe zu tragen, ja durch diese Versammlung wird er neue Kraft gewinnen, und es wird nicht schwer halten, ihn bald verwirklicht zu sehen.

Präsident: Es hat sich kein weiterer Redner mehr zum Worte gemeldet, wir können daher zur Abstimmung übergehen.

Der Vorschlag des Comités lautet:

Die Versammlung erachtet es für die Zwecke, die sie hier verfolgt hat, förderlich, wenn sich ein dauernder Verein mit ähnlichen Zwecken bildete; sie ladet dazu ein und überläßt denen, die sich daran betheiligen wollen, dazu sofort zu schreiten.

Wer mit diesem Vorschlage einverstanden ist, beliebe sich zu erheben. —

Der Vorschlag ist angenommen. Ich knüpfe daran die Bemerkung, daß die Einzeichnungslisten für Diejenigen, welche an der Berathung der Statuten Theil nehmen wollen, sofort in Circulation gesetzt werden, und ersuche jedoch diejenigen Herren, welche Theil nehmen wollen, eine Viertelstunde nach Schluß der öffentlichen Versammlung hier im Saale zur Berathung der Statuts zusammenzutreten.

Wir gehen über zum nächsten Gegenstand der Tagesordnung, es ist dieß die handelspolitische Frage.

Ich ersuche Herrn Moritz Mohl die Rednerbühne zu betreten und den Bericht zu erstatten.

Moritz Mohl (wird mit Beifall empfangen): Ich hatte die Ehre, Ihnen gestern einen Antrag vorzutragen, der Ihnen mit 74 Stimmen gestellt worden ist. Sie haben ihn in eine Commission von 15 Mitgliedern gewiesen, wobei leider die Theilnahme eines der Herren, weil er abreisen mußte, der Commission entging, und ihre Zahl sich auf 14 Mitglieder beschränkt.

6*

Die 14 Mitglieder der Commission haben sich über einen gemeinschaftlichen Antrag zu folgendem Commissions-Antrag geeinigt:

Commissions-Antrag:

Die Versammlung spricht in Beziehung auf die Zoll- und Handels-Verhältnisse Deutschlands ihre Ansicht dahin aus:

1) erklärt sie sich mit der von mehreren Zollvereins-Regierungen erfolgten Ablehnung des Handelsvertrags mit Frankreich vollständig einverstanden; und ist der Ueberzeugung:

2) daß auf die Aufnahme Gesammt-Oesterreichs in den Zollverein hinzuwirken ist; und

3) daß eine Revision des Vereins-Zolltarifs nur unter Verhandlung mit Oesterreich zu bewirken ist.

Einstimmig von sämmtlichen anwesenden Mitgliedern der Commission:

Dr. Benedict (aus Wien); Harthmuth (aus Budweis in Böhmen); v. Kerstorf (Augsburg); v. Lerchenfeld (aus Bayern); Moritz Mohl (aus Stuttgart); Neuffer (aus Regensburg); Regenauer (aus Karlsruhe); Baron Riese-Stallburg (aus Böhmen); Freiherr v. Rößling (aus Hannover); Schäffle (aus Tübingen); Freiherr v. Barnbüler (aus Würtemberg); Witte (aus Hannover); Freiherr v. Wydenbrugk (aus Weimar); Zehmen (letzterer aus Sachsen; was Punkt 1 anbetrifft mit Rücksicht auf die neuerlichen Erklärungen Oesterreichs.)

Meine Herren! Wir waren in der Commission einstimmig der Ansicht, daß nach der Stimmung, welche sich bereits gestern in diesem Kreise ausgesprochen hat, und bei der Klarheit der kurzen Sätze, welche ich Ihnen soeben im Namen der Commission vorzutragen die Ehre hatte, eine Begründung dieser Anträge nicht erforderlich sein dürfte. Meine Herren, wir sind der Ansicht, daß es eine Beredtsamkeit gibt, die größer als alle Beredtsamkeit ist, nämlich, wenn ein halb Tausend gebildeter Männer nicht für nöthig findet, ein Wort über eine Sache zu verlieren. (Allgemeines Bravo.)

Meine Herren, ich habe mich seit 35 Jahren mit diesem Gegenstande beschäftigt, Sie können sich denken, daß mir in dieser Sache viel auf dem Herzen läge; ich glaube aber ein gutes Beispiel zu geben, wenn ich kein Wort darüber sage. (Lautes Bravo!)

Herr Seyler: Meine Herren, ich würde, so wie gestern auch heute nicht das Wort ergreifen, und Sie mit meinen Worten nicht belästigen, weil ich in den großen Hauptfragen mit den Beschlüssen, die hier gefaßt worden sind, einverstanden bin. Zweitens, weil ich mir eine Erkältung zugezogen habe, die mir das Sprechen auch heute noch schwer macht.

Wir haben in Sachsen in der zweiten Kammer, der ich angehöre, mit gutem Vorbedacht und Ueberlegung den französisch-preußischen Handelsvertrag angenommen und so ganz bei Seite bezügliche Ansichten werfen und meinen Herrn Vorredner erklären zu lassen ohne Entgegnung, daß nicht einmal ein Wort darüber zu verlieren sei. Das, meine Herren, hielt ich von meinem Standpunkte

aus nicht für möglich. Es thut mir leid, daß die Anträge des resp. Ausschusses nicht gedruckt und vorgelegt worden sind; hätte ich sie gestern Abend oder heute früh in die Hand bekommen, dann würde ich vielleicht einen milderen Ausdruck der geehrten Versammlung vorgeschlagen haben und ich hätte hoffen dürfen, daß wie Sie gestern in Bezug auf gemäßigte Fassung des größten Theils der Anträge gestimmt haben, Sie auch heute wieder die vermittelnden Vorschlägen bei Ihnen Eingang hätten finden lassen.

Meine Herren! ich glaube, wir müssen mehr noch, als in rein politischen Fragen, in Beziehung auf Handelsverträge ganz auf prosaischem und nüchternem, auf berechnendem Standpunkte bleiben.

Es war für uns in Sachsen, und es ist heute noch für mich die Hauptfrage, was bietet uns Preußen in jenem Handelsvertrage? Es bietet uns derselbe ein weites Feld für deutschen Fleiß, deutsche Betriebsamkeit. Nicht mit allen Punkten des Handelsvertrags sind unsere sächsischen Industriellen einverstanden und nicht mit allen Punkten können die preußischen Industriellen selbst einverstanden sein; manche Mängel mag derselbe haben, aber wie gesagt, einen Fortschritt bietet er, er bietet nach unserer Ansicht und nach der meinigen heute noch, Vortheile in merkantiler Beziehung in Bezug auf die Ausdehnung des Handelsverkehrs selbst und der heimischen Industrie. Ist diese schroffe Fassung des Antrags der Weg, um Deutschland zu einigen? ich fürchte er zeigt den Weg, wie man Deutschland spaltet. Meine Ueberzeugung ist, daß Preußen, nachdem die Regierung und die Kammern ihre Ehre mehr oder weniger verpfändet, — sie haben versprochen unter allen Umständen nicht zurück zu treten von dem Vertrage mit Frankreich, — ich glaube nimmermehr, daß Preußen ohne sich tief zu schädigen, zurückzutreten vermag. Es wäre mir lieb gewesen, wenn der Beschluß dieser Versammlung vorgelegt worden wäre, der auf Verhandlungen hingewiesen, die, nachdem Oesterreich sich bewogen erklärt hat, den Weg zu suchen, auf welchem es mit dem Zollvereine in engere Berührung treten kann, aufzunehmen seien, daß beschlossen worden wäre, die preußische Regierung zu veranlassen auf Verhandlungen einzugehen, die es Oesterreich möglich machen, dem preußisch-französischen Handelsvertrag ebenfalls näher zu treten.

Nach diesem habe ich zu erklären, daß ich mit dem vorliegenden Antrage, mich nicht einverstanden erklären kann, dagegen stimmen werde.

H. v. Gagern: Meine Herren! Ich habe auf eine Aeußerung des Herrn Vorredners eine berichtigende Bemerkung zu machen.

Weder die preußische Krone, noch die preußischen Kammern, noch das preußische Volk sind in ihrer Ehre verpflichtet, an dem Vertrage, wie er mit Frankreich bedingt abgeschlossen worden ist, festzuhalten. (Beifall.)

Diese Ansicht ist von einem Preußen in dem Münchener Handelstag ausgesprochen worden, und ich brauche nur den Namen desselben, Hansemann auszusprechen, um das Gewicht einer solchen Erklärung hervorzuheben. Wir dürfen uns damit einverstanden erklären, und wir werden überhaupt nichts fordern, was mit irgend Jemandes Ehre unverträglich ist. (Beifall.)

Moritz Mohl aus Stuttgart: Meine Herren! Ich bin in der bedauerlichen Lage, einen Uebersehen gut machen zu müssen.

Wir hatten die Ehre, als weiteres Commissions-Mitglied Herrn v. Zehmen aus Sachsen unter uns zu haben und es ist mit diesen Morgen, wo ich sehr in Anspruch genommen war, durch zufällige Verhältnisse das Uebersehen begegnet, daß dieser Name nicht auf der Reinschrift steht. Herr v. Zehmen hat sich unserem Antrage angeschlossen mit der Bemerkung:

„was Punkt 1 betrifft, nämlich die Verwerfung des Handelsvertrags mit Frankreich, mit Rücksicht auf die neuerlichen Erklärungen Oesterreichs."

Herr v. Zehmen war in der sächsischen I. Kammer unter denjenigen Mitgliedern, welche für den Handelsvertrag gestimmt haben, erachtet jetzt aber in Folge der Erklärungen Oesterreichs die Verhältnisse als verändert und hat sich unserem einstimmig beschlossenen Antrag angeschlossen. (Beifall.)

Krauß aus Neuheim: Meine Herren! Erlauben Sie mir nur einige wohlgemeinte Worte zu sprechen. Sie wissen, jedes Ding läßt sich von mehreren Seiten betrachten; es kommt alles auf den Gesichtspunkt an, von dem man ausgeht, und ich glaube in der vorliegenden Frage gibt es eigentlich nur zwei Gesichtspunkte. Es ist der materielle und der politische.

Was den materiellen Gesichtspunkt betrifft, so glaube ich, hat nur derjenige darüber zu entscheiden, welcher eben die entsprechende Kenntniß hat. Dahin gehört vor Allem der ehrenwerthe Antragsteller, der ja so lange Jahre mit der national-politischen Frage sich beschäftigt hat; es sind darüber zu hören die Handelskammern, überhaupt alle Vertreter des materiellen Wohls und es ist Ihnen ja bekannt, daß die Handelskammern an mehreren Orten sich ausgesprochen haben. Wenn wir aber Alles zusammenfassen, so glaube ich, geht das Resultat dahin, daß man im Allgemeinen Nutzen davon hat, wenn der Vertrag, auch selbst wie er jetzt gefaßt ist, zur Ausführung kommt. (Zuruf: Nein, nein!) Abgesehen davon, daß er einzelne Branchen des Gewerbewesens, des Handelsstandes unangenehm berührt. Allein, meine Herren, das ist nicht der Standpunkt, von dem wir ausgehen dürfen; es ist auch meiner Gesinnung nach blos der rein politische Gesichtspunkt. Es ist derjenige, der namentlich heute, wo so viele ehrenwerthe Männer von ganz Deutschland beisammen sind, von Gewicht sein wird, wenn er in die Wagschale gelegt wird, und wenn er nach dem Sinne getreut wird, wie ich die Ehre haben werde, mich kurz zu expliciren.

Gestern ist an die Spitze des großdeutschen Programms gestellt worden, als erstes und letztes Ziel, eine National-vertretung in Deutschland zu erringen, mit Executivgewalt. Es ist dieses Ziel von allen Parteien Deutschlands anerkannt, selbst der Nationalverein hält daran fest, nur hat er die unpraktische Seite an den Tag gelegt, daß er die Reichsverfassung, wie sie 1848 und 1849 geschaffen wurde, festhalten will. Abgesehen davon, daß es ein reines Ding der Unmöglichkeit ist, an der Reichsverfassung mit ihren Mängeln und Gebrechen, die gerade deßhalb entstanden, weil sie einseitig von einer constituirenden Versammlung und in Verläugnung von den Regierungen festgestellt wurde. Ein consequentes Festhalten, davon sind wir Alle lebendig überzeugt, würde nur zum Unheil Deutschlands führen, zu einem Bürgerkrieg, wovon nur die Feinde Deutschlands die Früchte genießen würden, namentlich Frankreich, das sich unablässig Mühe gibt, nur Wirrwar in Deutschland zu säen und zur rechten Zeit wie ein blutgieriger Tiger zugreift, um seinem Land das Land zu annectiren d.i so an die Rheingrenze.

Meine Herren! Wir Alle haben das Bedürfniß, dieses Ziel zu erringen; allein wenn wir es erringen wollen, so ist das Erste, daß wir alle Hindernisse beseitigen, welche zu diesem Ziele führen. Unser fester Entschluß ist, daß ganz Deutschland beisammen bleibt und daß namentlich der Bruderstamm Oesterreich vorerst nicht fehlen darf. Das erste Hinderniß wäre, wenn dieser Vertrag mit Frankreich zu Stande käme, daß Oesterreich wohl dadurch für immer ausgeschlossen wäre, dem Zollverein beizutreten. Allein die Anträge, wie sie heute einstimmig durchgingen, sind von der Art, daß dem Rechnung getragen und Oesterreich auch dem Verband beitreten kann, so daß das Hinderniß beseitigt ist, ein mächtig großes deutsches Reich zu bilden. Wenn wir ein deutsches Reich schaffen wollen mit einer constitutionellen Verfassung, so gehört mit dazu, daß vor Allem ein innerer freier Verkehr in diesem großen Reiche stattfindet. Das geht doch voran. Ehe wir mit auswärtigen Mächten Handelsverbindungen anknüpfen, ist das Erste, was wir zu thun haben, daß wir uns selbst vereinigen, daß wir einig geworden sind und daß wir Oesterreich herbeiziehen. Oesterreich über Alles. Dann werden wir auch zum Ziele gelangen.

Von diesem Gesichtspunkte aus möchte ich die Sache betrachtet wissen und es wäre grade von Belang, daß diese Versammlung sich dahin ausspräche, und das hauptsächlich aus politischen Motiven der Antrag durchgehen soll. Das Materielle liegt hier bei Seite, das Politische ist das Vorwiegende. (Beifall.)

Schulz aus Weilburg: Entschuldigen Sie, meine Herren, daß ein Mann von Mittelrheine, von welchem so viele Wünsche für den französischen Handelsvertrag ausgegangen sind, einige kurze Worte zu Ihnen spricht; ein Mann, der aus dem Lahnthale kommt, wo der deutsche Bergbau eines seiner Kleinodien besitzt. Ich habe seit mehreren Jahrzehnten die Wirkungen des deutschen Bergbaues auf die Entwicklung der Landwirthschaft, auf die Förderung einer selbstständigen Industrie und eines selbstständigen Handels beobachtet. Im Namen des deutschen Bergbaues, im Namen vieler Tausende von deutschen Bergleuten lege ich gegen den französischen Handelsvertrag, hinter welchem zugleich England und Belgien stehen, den entschiedensten Widerspruch ein, da hierdurch unserer deutschen Industrie, die noch mit manchen inneren Hemmungen zu kämpfen hat, weitere Bedrängnisse von außen entstehen. (Beifall.) Weiter, meine Herren, will ich auf das Gebiet der sogenannten materiellen, sowie der politischen Fragen nicht eingehen, welche auch mein Vorredner bereits angedeutet hat. Dies ist in vielen besonderen Schriften, Untersuchungsausschüssen und Versammlungen genugsam verhandelt worden. Nur einen Punkt möchte ich noch hervorheben, der nach meiner Ansicht bei allen bisherigen Verhandlungen über diesen Gegenstand zu wenig berücksichtigt worden ist. Es ist der geistige, der ideelle, es ist der Gesichtspunkt eines jenes des so wichtigen Gebietes, welches auf der Grenzlinie liegt, wo Kunst und Industrie sich vermengen. Meine Herren! Wir haben einen Verein in Deutschland, auf welchen unsere großdeutsche Versammlung stolz sein kann, stolz sein muß. Meine Herren, es ist die deutsche Kunstgenossenschaft. Der Vorsitzende dieser deutschen Kunstgenossenschaft hatte dem Vernehmen nach mit vielen patriotischen Mitgliedern des Künstlervereins beabsichtigt auf dem letzten deutschen Künstlertag am Fuße der Alpen einen Antrag zu stellen gegen diesen französischen Vertrag, ihn darzustellen in seiner ganzen

Verderblichkeit in geistiger und sittlicher Hinsicht. Es ist dies aus mir unbekannten Gründen unterblieben. Meine Herren, es scheint mir angemessen, diese Ihre patriotischen Künstler zu der unsrigen zu machen. Wie wollen wir selbstständige Politik machen, wie wollen wir selbstständig handeln, wenn wir nicht vor allen Dingen selbstständig anschauen, selbstständig empfinden und dadurch auch selbstständig wollen? Meine Herren! Wir stehen an dem Scheidewege, wo das Gift des Auslandes, wenn wir uns nicht dagegen wehren, in noch umfassenderer Weise als bisher in unser innerstes geistiges Leben hineingetragen wird. Es wird durch diesen Vertrag eine Eigenthümlichkeit des deutschen Volkes, welche mit der Tugend der Empfänglichkeit zusammenhängt, die aber auch in den Fehler der schwächlichen Nachahmung hinüberschweift, es wird diese Schwäche unseres sonst so herrlichen Nationalcharakters auf das Gefährlichste von dem Auslande ausgebeutet werden. Meine Herren, suchen wir dieser Gefahr vorzubeugen und unsere Kunstindustrie gleich andern Thätigkeiten des deutschen Volkgeistes wieder zu früherer Selbständigkeit zu erheben. Wir haben eine selbstständige Entwicklung in der Philosophie seit Leibniz, in der Poesie seit Lessing, Göthe und Schiller. Unsere Plastiker und Maler haben eigene Bahnen eingeschlagen, unsere Musik ist eine originelle. Aber noch nicht ist selbstständig dieses wichtige Gebiet der Werkthätigkeit, welches veredelt werden soll durch die eigene Kunst, noch ist nicht selbstständig das Gebiet geworden der Kunstindustrie, welche unser ganzes Leben umfaßt, unser ganzes Hauswesen, unsere eigene Tracht. Dies ist ein schlimmer Zustand, welcher unserer vaterländischen Gewerbthätigkeit zugleich ungeheure Summen entzieht. Es ist dies ein gefährliches Gebrechen, welches allein durch äußeren Schutz nicht allein beseitigt werden kann. Meine Herren, den Wünschen nach vorübergehendem Schutz schließe ich mich vollständig an; denn nachdem wir das erste industrielle Volk der Welt waren, sind wir durch traurige Geschicke, durch Krieg sowie innere Hemmnisse und Verirrungen so heruntergekommen, daß wir diesem stolzen Standpunkt verloren und in allzu vielen Stücken Nachahmer des Auslandes geworden. Zur Ausgleichung unserer traurigen Geschicke und Rückschritte bedürfen wir noch einige Zeit des Schutzes; aber, meine Herren, diese treue, sinnige deutsche Arbeit, welche unter den schwierigsten Verhältnissen nimmer den Muth ganz verloren hat, wird bald unter seinem stetig abnehmenden Schutz an den Punkt gelangen, wo sie desselben gänzlich entbehren kann, wenn unsere Staatsmänner, wenn unsere Männer der Wissenschaft, wenn unsere deutschen Frauen, die keinerlei Frauen auf Erden nachstehen, wenn diese alle sich im Liebesgabe Einverständniß mit den deutschen Künstlern und Industriellen nach dem Vorbilde unseres westlichen Nachbarlandes vereinigen zu gemeinsamer Förderung deutschen Gewerbfleißes in ihrer höheren Blüthe.

Ich wünsche, meine Herren, daß Sie diesen Gesichtspunkt noch unter die Gründe Ihrer Abstimmung aufnehmen möchten.

v. Rösling aus Hannover: Meine Herren! Ich würde, wenn dem Wunsche des Antragstellers gemäß eine Discussion überhaupt nicht eingetreten wäre, mir nicht erlaubt haben, um das Wort zu bitten; allein nachdem die materielle Seite des preußisch-französischen Handelsvertrages so vielfach hier hervorgehoben wurde, als ein großer Fehler dargestellt worden ist, namentlich in Beziehung auf den Schutz verschiedener Industriezweige, diesen Antrag anzunehmen, so kann ich nicht umhin, Ihnen darzulegen, aus

welchen Gründen wir Hannoveraner unser Votum gegen den Handelsvertrag abgegeben haben und abgeben werden. Es wird Ihnen bekannt sein, daß seit dem Anschluß Hannovers an den Zollverein, namentlich von Hannover erhebliche Tarifermäßigungen stets beantragt und erstrebt worden sind, daß aber diese Bestrebungen nicht zu der vollen Geltung haben kommen können. Würde der Handelsvertrag zur Annahme gelangen, so würde durch denselben den materiellen Interessen Hannovers im Wesentlichen zur Vorschub geleistet werden. Wenn ich nun trotzdem für die Ablehnung dieses Handelsvertrages mich erkläre, also gegen einen Vertrag, die den unsern materiellen Interessen im Ganzen wohl entsprechen würde, so muß das einen Grund von Bedeutung haben und dieser Grund ist die politische Seite des Vertrags. (Bravo!)

Lediglich mit Rücksicht auf die politische Lage dieser Angelegenheit haben wir uns entschließen können, gegen den Handelsvertrag zu stimmen. Wir wünschen, daß der Zollverein erhalten bleibe, wir halten dafür, daß unter Annahme des Handelsvertrages der Zollverein zerrissen werden würde, weil wir die Ueberzeugung gewonnen haben, daß Süddeutschland dem Handelsvertrag nicht zutreten kann und daß ein Ausschluß Oesterreichs auf die Dauer herbeigeführt werden würde.

Wir aber wünschen, daß das ganze Deutschland, wie es gegenwärtig den Zollverein bildet, nicht allein ihn fortsetzen, sondern daß auf eine immer größere Ausdehnung Oesterreichs hingewirkt werden möge. Weil wir die Ueberzeugung haben, daß das unmöglich ist, wenn der Handelsvertrag angenommen wird, so haben wir aus diesen Gründen gegen den Vertrag, der, wie gesagt, im Uebrigen unsere Interessen gehalten gewesen, zu erklären uns berechtigt gehalten. (Beifall.)

Frommann aus Jena: Meine Herren! Sie sehen, ich habe die Uhr in der Hand, ich werde nicht länger als zehn Minuten sprechen.

Sie alle kennen das alte deutsche Volksepos: „Reineke Fuchs". Ich erinnere Sie an die Episode desselben, wo Reineke Fuchs seinen Vetter Braun, den Bären, einladet, Honig zu essen, der in einem gespaltenen Stamme steckt; (Bravo!) dieser Stamm wird auseinander gehalten durch einen Keil, und während nun der gute Braun am Honig leckt und seine Schnauze und Tatzen hineingesteckt hat, zieht der schlaue Reineke den Keil weg und — Braun ist gefangen; der Bauer Rüstevil fällt mit seinen Angehörigen über ihn her und ergreift ihn sattsam durch; (Große Heiterkeit!) der Braun, auf's Aeußerste gebracht, reißt allerdings seine Schnauze und seine Tatzen am Ende wieder heraus, läßt aber nicht blos Haare, sondern auch das Fell!! (Große Heiterkeit! Beifall.)

Präsident: Da ein weiterer Redner sich nicht gemeldet hat, so kann ich die Abstimmung sofort vornehmen. Der Commissionsantrag lautet:

Commissions-Antrag:

Die Versammlung spricht in Beziehung auf die Zoll- und Handels-Verhältnisse Deutschlands ihre Ansicht dahin aus:

1) erklärt sie sich mit der von mehreren ZollvereinsRegierungen erfolgten Ablehnung des Handelsvertrags mit Frankreich vollständig einverstanden; und ist der Ueberzeugung:

2) daß auf die Aufnahme Gesammt-Oesterreichs in den Zollverein hinzuwirken ist; und

3) daß eine Revision des Vereins-Zolltarifs nur unter Verhandlung mit Oesterreich zu bewirken ist.

Ich ersuche Diejenigen, welche diesem Antrage beitreten wollen, sich zu erheben.

Der Antrag ist gegen drei Stimmen angenommen.

Es sind mir noch mehrere Anträge übergeben worden, die ich zu Ihrer Kenntniß bringe.

Zuerst ein Antrag des Herrn Dr. Löbenstern aus Hanau. Er schickt eine Motivirung voraus, die ich wohl übergehen kann, und stellt dann folgenden Antrag:

Antrag
des Obergerichts-Procurators Dr. Löbenstern
aus Hanau.

In Erwägung:

1) daß bei den dermaligen europäischen höchst unsichern politischen Zuständen die Wohlfahrt, Unabhängigkeit, Freiheit und Thatkraft einer Nation nur durch die Größe ihrer Macht bedingt und gesichert erscheint;

2) daß aber unserm so großen deutschen Vaterlande, bei allen ihm in Fülle zu Gebot stehenden Mitteln, dennoch jene Macht so lange fehlen wird, als nicht neben der Bundesgewalt eine organische Volksvertretung hergestellt, und dadurch der Zersplitterung der deutschen Cabinette und den Bestrebungen ihrer Sonderpolitik, wie auch eben so dem Hader der Parteien im Volke ein Ziel gesetzt wird;

3) in Erwägung ferner, daß acht der bedeutendsten deutschen Bundesstaaten dies wohl gefühlt, und deßhalb die „Delegirten-Versammlung" in Vorschlag gebracht haben, welcher denn natürlich auch das Recht und die Pflicht obliegen muß, den Verein mit den Regierungen so rasch als thunlich weiter auszubilden und zu vervollkommnen;

4) daß wir in unserm Programm jenem Vorschlag in vorgedachter Weise unsere Zustimmung gegeben, mithin verpflichtet erscheinen, mit allen nur möglichen gesetzlichen Mitteln dessen Ausführung zu ermöglichen und zu beschleunigen;

5) daß die meisten deutschen Ständeversammlungen bereits wiederholt bei ihren Regierungen um Einführung einer Volksvertretung beim Bunde dringend angetragen haben, daß endlich

6) diesen großen politischen Organen und ihren Anträgen und Beschlüssen, wenn die Volksvertretung, wie es sich gebührt, eine Wahrheit sein soll, die Anerkennung und Beachtung nicht versagt werden darf;

beschließt die großdeutsche Versammlung:

„unter Einsendung ihres Programms an sämmtliche deutsche Volksvertretungen dieselben dringend zu ersuchen:

„bei ihren Landesregierungen die Abordnung „von Delegirten beim Bunde, in der im Programm und hier angedeuteten Weise sofort „und auf die nachdrücklichste Art beantragen zu „wollen."

Der Antrag wird unterstützt.

Ich ersuche Herrn Dr. Löbenstern, den Antrag zu motiviren.

Dr. Löbenstern: Meine Herren! Ich erlaube mir vor dem Schluß der Verhandlung den eben von dem Herrn Präsidenten verlesenen Antrag an die verehrliche Versammlung stellen zu dürfen.

Meine Gründe, warum ich diesen Antrag gestellt, sind folgende:

Ich glaube, meine Herren, daß wir vollständig berechtigt sind ein Lebenszeichen in dieser Weise zu geben, (Bravo!) und so enthalte ich mich, wie vorhin auch ein Vorredner sagte, jeder weitern Begründung. Ich glaube, daß mein Antrag an sich hinreichend dafür spricht, daß die Versammlung diesen Schritt thun soll.

Präsident: Nach der Geschäftsordnung muß vorerst die Unterstützungsfrage gestellt werden. Ich frage daher ob der Antrag unterstützt wird, und ersuche ich diejenigen Herren, welche dies wollen, sich zu erheben.

Der Antrag ist unterstützt. Ich eröffne somit die Discussion über denselben und ersuche diejenigen Herren, sich zum Worte zu melden, welche über diesen Antrag sprechen wollen.

Dr. Auerbach aus Frankfurt a. M.: Meine Herren! Der verehrte Berichterstatter des gestrigen Ausschußantrags vindicirte für sich, daß er, ein Feind von Idealen, stets den praktischen Weg einzuschlagen sich angetrieben fühle. Man kann diesem Ausspruche in politischen Dingen gewiß den Beifall nicht versagen, jedoch, um politisch zu wirken, muß mit dem Verstande sich auch das Herz verbinden; es muß das Gefühl, die Begeisterung hinzukommen. Denn die politische That ist das Kind der politischen und nationalen Begeisterung.

Und ich glaube, durch die Begeisterung wird auf einen Theil unserer Nation hingewirkt, der wir nicht gering achten dürfen, auf das Volk selbst. Wir erregen, wenn wir die Saiten des Herzens anschlagen, die Sympathien des Volkes und selbst die größten Denker und Staatsmann dürfen diese Sympathien nicht gleichgültig sein.

Meine Herren, aus diesem Anlaß spreche ich für den Antrag. Der Delegirten-Versammlung ist zunächst zur Aufgabe gestellt, die Beschlüsse der Commissionen für Obligationenrecht und Civilproceß ihrer Berathung zu unterziehen.

Meine Herren! Bis diese Gegenstände reif sein werden, um zur Vorlage zu gelangen, wird noch eine längere Zeit verstreichen.

Die Commission für das Obligationenrecht ist noch nicht zusammengetreten. Die andere, die in Hannover tagt, wird wohl nicht vor Ablauf des ersten Jahres ihre Arbeiten vollendet haben. Wir wollen aber jene Versammlung baldmöglichst. Gerade in der Motivirung unserer Beschlüsse ist die Möglichkeit gegeben, deren Zusammentritt nicht zu verschieben, bis jene Aufgaben ihr vorliegen werden.

Wir adoptirten die Clausel: „mit erweiterter Competenz" und ich glaube, die Verhältnisse bezüglich dieser erweiterten Competenz in Frage kömmt, diese Verhältnisse sind gegenwärtig schon da. Die erweiterte Competenz ist der Hauptgesichtspunkt mittelst dessen wir dahin kommen können, daß die Versammlung demnächst zusammenkommt. Schließen wir mit diesem Ausspruche unsere Sitzungen, so glaube ich, wir haben nicht nur den Geist Bieler der Begabtesten in Deutschland unter uns, nein, wir treffen gerade den wichtigsten Punkt, das Herz des Volkes, und dieses können wir nimmer entbehren, wenn wir das Streben, das tief in uns wurzelt, nämlich dasjenige nach innig deutscher Einheit zur Erfüllung bringen wollen. Darum, meine Herren, stimmen Sie für den Antrag! (Bravo!)

Präsident: Herr Freiherr von Gagern hat den Antrag gestellt, über den Antrag des Herrn Dr. Löbenstein zur Tagesordnung überzugehen, weil der Versammlung kein Petitionsrecht zustehe. Ich gebe zunächst Herrn v. Gagern das Wort. (Derselbe verzichtet darauf.)

v. Lerchenfeld: Meine Herren! Ich werde Sie nicht lange aufhalten. Ich habe die Ueberzeugung, daß wir Alle von der Nothwendigkeit durchdrungen sind, in der Sache vorzuschreiten, so weit es nur irgend möglich ist; aber in diesem Saale sind Mitglieder beinahe aller gesetzgebenten Körper in Deutschland anwesend und diejenigen Kammern, die hier nicht vertreten sind, erfahren jedenfalls, was wir gethan, was wir gesprochen haben. Ohne allen Zweifel werden die Mitglieder dieser Versammlung sich berufen fühlen, in ihrem heimischen Wirkungskreis zu thun, was irgend möglich ist, um die Sache nicht einschlafen zu lassen. Aber was die Hauptsache ist, es hat, wie Herr v. Gagern schon erwähnte, diese Versammlung kein Petitionsrecht, und ich muß sagen, es widerspricht meinem inneren Gefühle, daß wir uns in eine Stellung eindrängen, die wir officiell nicht haben und die wir nicht nöthig haben, um das zu erreichen, was, wie ich glaube, wir Alle wünschen. (Bravo!)

Präsident: Es hat Niemand weiter das Wort begehrt. Ich bringe deßhalb zuerst den Antrag des Herrn Freiherrn v. Gagern, über den Löbensternschen Antrag zur Tagesordnung überzugehen, zur Abstimmung.

Diejenigen Herren, welche diesem Antrage beitreten wollen, belieben sich zu erheben. — Er ist mit großer Majorität angenommen und damit der Löbensternsche Antrag erledigt.

Ein weiterer Antrag wurde mir von Herrn Dr. Michelis übergeben, dahin gehend:

„Es wolle beschlossen werden, mindestens innerhalb eines halben Jahres eine zweite General-Versammlung zu halten."

Ich gebe Herrn Dr. Michelis zur Motivirung des Antrages das Wort.

Dr. Michelis: Meine Herren! Wenn ich glaubte, viele Worte nothwendig zu haben, um diesem Antrag Ihre Zustimmung zu verschaffen, so würde ich gar nicht das Wort ergriffen haben; ich glaube, wir stehen Alle so sehr unter dem Eindrucke dieser Versammlung, daß wir wohl zweifelhaft sind, wir müssen baldmöglichst vorschreiten. Ich hebe nur den einen Punkt besonders hervor, daß ohne Zweifel sehr Viele, namentlich aus Preußen und aus Oesterreich sich von dieser Versammlung noch entfernt gehalten haben, weil sie mit Vorurtheilen gegen das, was es hier etwa geben möchte, erfüllt waren; alle diese Vorurtheile aber werden verschwinden vor der Thatsache, die Zeitungen mögen machen, was sie wollen; z. B. die Kölnische Zeitung bringt heute eine Notiz über unsere Versammlung blos unter den Lokalmittheilungen, die Zeitungen mögen unsere Versammlung ignoriren, wie sie wollen, die Thatsachen werden durchdringen, und unter dem Eindrucke dieser Thatsachen glaube ich die Gewißheit zu haben, daß eine zweite General-Versammlung, in möglichst kurzer Frist abgehalten, noch eine größere Bedeutung gewinnen

werde, wie diese unsere erste. Darum schmieden wir das Eisen, so lange es warm ist. (Bravo!)

Präsident: Ich stelle zunächst die Unterstützungsfrage und ersuche diejenigen Herren, welche den Antrag unterstützen, sich zu erheben.

Der Antrag ist unterstützt.

Ich eröffne die Discussion hierüber. — Das Wort hat Herr v. Wydenbrugk.

v. Wydenbrugk (wird mit Beifall empfangen): Meine Herren! Ich wollte dem Herrn Antragsteller nur anheim geben, ob er sich nicht veranlaßt sehen möchte, seinen Antrag zurückzuziehen, und das, was er dafür vorzutragen hat, dann zu erwähnen, wenn unter den Vereinsmitgliedern eine Berathung über die Vereins-Organisation stattfinden wird; dort ist der eigentliche Platz dazu. (Bravo!)

Dr. Michelis: Ich ziehe den Antrag zurück. (Bravo!)

Präsident: Ein weiterer Antrag ist von Herrn Ulrichs dahin gestellt:

**Antrag,
die gesammtstaatliche Verbindung Deutsch-Oesterreichs mit außerdeutschen Landen betreffend.**

In Erwägung, daß es für Deutsch-Oesterreich keineswegs unmöglich erscheint, mit außerdeutschen Landen gesammtstaatlich verbunden zu sein und dennoch der deutschen Verfassung anzugehören, selbst dann, wenn diese übergegangen sein wird in die eines Bundesstaats,

indem zwar in Angelegenheiten jener Competenz, welche der Bund, bez. Bundesstaat, den Einzelstaaten überläßt, d. h. in Angelegenheiten von einzelstaatlicher Competenz, Deutsch-Oesterreich des österreichischen Gesammtstaats Verfassungsglied sein wird, gleich jedem der außerdeutschen Kronlande, den Gewalten des Gesammtstaats unterworfen sein wird,

in Angelegenheiten der Bundes-Competenz, bez. Bundesstaats-Competenz, dagegen Deutsch-Oesterreich Deutschlands Verfassungsglied sein und, gleich jedem andern Bundesgliede, bez. Bundestagsgliede, den Gewalten des Bundes, bez. des Bundesstaats, unterworfen sein wird,

in diesen Erwägungen erklärt die Versammlung:

I.

Behufs des ferneren Verbleibens Deutsch-Oesterreichs in der deutschen Verfassung, selbst wenn diese in eine bundesstaatliche übergegangen sein wird, bedarf es keineswegs der Aufhebung seiner gesammtstaatlichen Verbindung mit außerdeutschen Landen, und daher weder der Sprengung der Gesammtmonarchie, noch auch einer decentralisirenden Revision ihrer gesammtstaatlichen Verfassung.

II.

Gleicher Weise findet das gedachte Bedürfniß nicht statt in Bezug auf Deutsch-Preußens und des Herzogthums Limburg gesammtstaatliche Verbindung mit außerdeutschen Provinzen.

Ich gebe Herrn Ulrichs das Wort zur Motivirung des Antrags.

Ulrichs: Meine Herren! Das Programm, welches wir gestern angenommen haben, spricht von allen deutschen Staaten. Ich erblicke in dieser Ausdrucksweise eine gewiſſe Unbeſtimmtheit; denn wir beſitzen Bundesglieder in Deutſchland, welche zum Theil, ich meine die beiden größeren, nicht Ein Staat ſind, ſondern mit außerdeutſchen Ländern zuſammen Staaten bilden. Deutſch-Oeſterreich iſt nicht Ein Staat, und dennoch haben wir uns geſtern nicht darüber ausgeſprochen, ob wir nur Deutſch-Oeſterreich, den Theil eines Staates, einer Geſammtmonarchie, feſthalten wollen, oder in welcher Verbindung Deutſch-Oeſterreich, trotzdem, daß es Antheil nehmen ſoll an der deutſchen Verfaſſung, mit außerdeutſchen Ländern ſtehen darf. Es iſt von den deutſchen Männern, welche das Ziel deutſcher Einheit auf anderm Wege erreichen wollen, als wir, vielfach hervorgehoben, daß es eine unüberſteigliche Schwierigkeit ſei, Deutſch-Oeſterreich in der deutſchen Verfaſſung feſtzuhalten, ſo lange es verbunden ſei, geſammtſtaatlich, mit außerdeutſchen Ländern, und auf dieſe angebliche Unmöglichkeit bauen jene deutſchen Männer gerade ihr Programm von der vorläufigen Conſtituirung Deutſchlands ohne Deutſch-Oeſterreich.

Meine Herren! Wenn wir jene angebliche Unmöglichkeit, jene angebliche unüberſteigliche Schwierigkeit löſen können, ſo fällt der Grund unſerer Gegner hinweg. Und ich glaube, es iſt dieß möglich, und wenn wir dieſe Schwierigkeit löſen können, ſo können wir verlangen, daß jene Männer den Satz der vorläufigen Conſtituirung Deutſchlands ohne Deutſch-Oeſterreich von ihrem Programme ſtreichen!

Ich glaube aber, die Löſung findet ſich auf eine ganz vollkommen einfache Weiſe folgendermaßen, nämlich, wenn in Angelegenheiten jener Competenz, welche der Bund, eventuell Bundesſtaat, den Einzelſtaaten überläßt, alſo wenn in Angelegenheiten der einzelſtaatlichen Competenz Deutſch-Oeſterreich Genoſſe der Verfaſſung Geſammt-Oeſterreichs und gleich jedem andern Kronland der Geſammtmonarchie, den geſammtſtaatlichen Staatsgewalten Oeſterreichs unterworfen bleibt: und wenn von der anderen Seite dagegen in Angelegenheiten der Bundescompetenz, eventuell auch der bundesſtaatlichen Competenz, Deutſch-Oeſterreich Verfaſſungsgenoſſe des deutſchen Bundes, eventuell auch des deutſchen Bundesſtaates ſein und in allen dieſen höheren Angelegenheiten den Gewaltthaten des deutſchen Bundes, eventuell des Bundesſtaates unterworfen bleiben wird.

Meine Herren! Mit dieſer Scheidung der höheren und noch übrig gelaſſenen Competenz, glaube ich, iſt die vollſtändige wiſſenſchaftliche Löſung jenes angeblichen Problems gefunden, und mit dieſer Löſung in der Hand, glaube ich, haben wir das Recht, den deutſchen Männern von jener anderen Seite die Forderung zu ſtellen, ihren Satz von der vorläufigen Conſtituirung Deutſchlands ohne Deutſch-Oeſterreich zu ſtreichen! und, meine Herren, damit würden wir einen großen Schritt zur Annäherung der deutſchen Parteien und einen großen Schritt zur Einheit des deutſchen Vaterlandes gethan haben!

Präſident: Ehe ich die Unterſtützungsfrage ſtelle, ertheile ich Herrn Buß das Wort, der darum gebeten hat, um an den Antragſteller eine Bitte zu richten.

Buß aus Freiburg: Meine Herren! Wir Alle ſind gewiß der Geſinnung, daß wir ein großes deutſches Centralreich als entſcheidende Macht in Europa aufſtellen, aber meine Herren, ich bitte den Herrn Antragſteller, ſeinen Antrag zurückzunehmen. (Bravo!)

In Oeſterreich ſind Verfaſſungszuſtände in der Arbeit, von denen ich überzeugt bin, daß ſie ſich im Laufe der Zeit klären werden; jeder Eingriff in dieſe Entwicklung, den wir machen würden, würde dieſer Entwicklung, als auch auf unſerem Vortheil dem Vortheile Oeſterreichs und Geſammt-Deutſchlands ſchaden. Ich bitte, ich beſchwöre den Herrn Antragſteller, ſeinen Antrag zurückzunehmen. (Bravo!)

Präſident: Es fragt ſich, ob Herr Ulrichs dieſem Wunſche entſpricht?

Ulrichs: Meine Herren!, ich ziehe hiermit meinen Antrag zurück. (Bravo!)

Präſident: Damit iſt dieſer Gegenſtand erledigt. Hiermit, meine Herren, iſt nicht nur unſere Tagesordnung erſchöpft, ſondern es haben auch alle übrigen Anträge, die mir noch übergeben worden ſind, ihre Erledigung gefunden.

Ich habe Ihnen nur noch in geſchäftlicher Beziehung eine Mittheilung zu machen. Das Bureau hat beſchloſſen, daß über die geſtrige und heutige Verſammlung ſtenographiſche Berichte, welche Alles, was hier vorgekommen iſt, getreu enthalten, gedruckt und der Oeffentlichkeit übergeben werden ſollen. Die Veröffentlichung wird ſowohl auf dem Wege der Zeitungsexpedition, als auch auf dem Wege des Buchhandels geſchehen. In ganz kurzer Zeit, hoffentlich ſchon in einigen Tagen, können die ſtenographiſchen Berichte in der angegebenen Weiſe von Jedermann bezogen werden.

Ich habe ferner mitzutheilen, daß Herr Senator Bernus ſo freundlich war, uns auf heute Abend, ehe wir uns trennen, zu ſich einzuladen. Es iſt möglich, daß einigen Herren Einladungskarten nicht zugekommen ſind; dies thut jedoch zur Sache nichts; die Einladung iſt, wie ich Ihnen Namens des Herrn Bernus hiermit mittheile, generell an alle Mitglieder unſerer Verſammlung gerichtet und ich wiederhole anmit in deſſen Namen die Einladung an ſämmtliche Herren auf heute Abend 8 Uhr.

Damit, meine Herren, haben wir unſere Aufgabe erledigt. Es erübrigt mir noch, Ihnen Allen, insbeſondere aber den Herren des Bureau's, für die freundliche Unterſtützung, die Sie mir zu Theil werden ließen, meinen Dank auszuſprechen. Im Namen unſer Aller ſpreche ich ferner den Herren aus Frankfurt, welche die nöthigen geſchäftlichen Einleitungen nicht nur mit ſo großer Anſtrengung, ſondern auch mit ſo großem Geſchick beſorgt haben, unſern Dank aus. (Bravo!)

Insbeſondere danke ich Herrn Senator Bernus, der ſich ſo große Verdienſte um die Verſammlung erworben hat (Mit lebhafter Zuſtimmung erhebt ſich die ganze Verſammlung). Daß ich im Sinne Aller geſprochen habe, beweiſt Ihre Zuſtimmung.

Meine Herren! Ein Urtheil über unſre Verſammlung ſteht uns nicht zu, das Urtheil müſſen wir der öffentlichen Meinung, dem deutſchen Volke, überlaſſen; ich glaube aber, wir können getroſt dieſem Urtheile entgegenſehen. Welche Früchte unſere Verſammlung tragen wird, wird die Zukunft lehren.

Ich verlaſſe dieſen Saal und die Stadt Frankfurt in dem Vertrauen, daß das, was wir ſeit einigen Tagen hier gewirkt haben, nur zum Wohle und zum Segen des Vaterlandes ausſchlagen wird. (Bravo!)

Es hat ſich hier gezeigt, daß es mit Deutſchland nicht ſo ſchlimm ſteht, als ſeine Feinde hoffen und wünſchen. (Bravo!) Ein Land, in welchem ſo viel Gemeinſinn herrſcht, als sich hier kundgegeben hat, meine Herren, das hat noch keinen Grund, an seiner Zukunft zu verzweifeln, das kann getrost seiner Zukunft entgegensehen; seine Verhältnisse werden sich entwickeln, sie müssen sich entwickeln zum Wohle und zum Segen des Ganzen. Es hat aber auch diese Verhandlung gezeigt, daß der große Riß zwischen Süd und Nord, von dem man immer spricht, nicht besteht. (Bravo!)

Heute, meine Herren, haben wir gesehen, daß selbst in jener Frage, wo man vielfach annahm, dieser Riß sei wirklich vorhanden, die Deutschen aus Süd und Nord sich brüderlich die Hand reichen. Wir haben gesehen, daß das über die handelspolitische Frage eingesetzte Comité, obgleich gestern ein Zwiespalt der Meinungen drohte, heute mit einem einstimmig gefaßten Antrage vor uns getreten ist. Wir haben damit gesehen, daß es nur eines gegenseitigen Entgegenkommens bedarf, und daß dann die Brüder aus Süd und Nord sofort einig sind, wo es sich um die Interessen des großen Vaterlandes handelt. (Bravo!) Wir brauchen unter diesen Umständen nicht zu befürchten, daß Deutschland zerrissen werde, wir können uns vielmehr der Hoffnung hingeben, daß das gesammte deutsche Vaterland als ein untrennbar großes Ganze vereinigt bleibt und einer Zukunft entgegengeht, auf welche jeder Deutsche mit Vertrauen blicken kann. Ich glaube deswegen unsere Versammlung nicht besser schließen zu können, als indem ich Sie einlade, in ein Hoch einzustimmen, das ich hiermit ausbringe: Das große einige Deutschland, es lebe hoch! hoch! hoch! (Die Versammlung stimmt lebhaft ein.)

Damit, meine Herren, schließe ich die öffentliche Sitzung.

Hofrath Buß aus Freiburg: Ich fordere Sie auf, dem Herrn Präsidenten für seine umsichtige patriotische Leitung unsern Dank auszusprechen. Er lebe hoch! (Lauter Jubel!)

Präsident: Ich danke Ihnen, und ersuche die Herren, welche an der Berathung der Statuten eines großdeutschen Vereins Theil nehmen wollen, sich in einer viertel oder halben Stunde im Saale einzufinden.

Schluß: 1½ Uhr.

III.

Protocolle

über die

Sitzungen der großdeutschen Versammlung in Frankfurt a. M.

Sitzung vom 28. October 1862.

Um 11 Uhr Vormittags eröffnete der Vorsitzende des Comités für die zu veranstaltende Versammlung von Großdeutschen zu Frankfurt a. M., Herr Senator Bernus von da, nachdem die Zahl der bis dahin sich gemeldeten Theilnehmer 480 betrug, die Sitzung in kurzer Anrede und mit freundlicher Bewillkommung, verständigte dieselbe sodann von dem Ergebnisse der gepflogenen Vorberathungen und des hieraus hervorgegangenen und unter die Mitglieder bereits vertheilten Antrags von Dr. Weis und Genossen, (Stenogr. Bericht S. 11), sowie über den Entwurf einer Geschäfts-Ordnung, (Stenogr. Bericht S. 9), welch letztere auch sofort von der Versammlung ohne weitere Debatte angenommen wurde.

Nachdem derselbe hierauf seine Funktion für beendigt erklärt und die Versammlung zur geschäftsordnungsmäßigen Wahl eines ersten Präsidenten eingeladen hatte, wurde hiezu auf dessen Vorschlag Herr Ministerialrath Dr. Weis aus Bayern einstimmig erwählt.

Dieser richtete sofort eine kurze Ansprache an die Versammlung und bestimmte gemäß der nach §. 4 der Geschäfts-Ordnung ihm anheimgegebenen Wahl

zu weiteren Präsidenten:
1) Herrn Obergerichtsrath Witte aus Hannover und
2) Herrn Frhrn. v. Varnbüler aus Württemberg,

und zu Schriftführern
1) Herrn Prof. Dr. Prinz aus Oesterreich,
2) Herrn Staatsrath v. Wydenbrugk aus München,
3) Herrn Frommann aus Jena,
4) Herrn Dahmen aus Baden,
5) Herrn Passavant aus Frankfurt und
6) Herrn Gutsbesitzer Hirschberger aus Bayern.

Nachdem die Gewählten ihre Plätze eingenommen, erklärte der erste Präsident, nunmehr zu dem Hauptgegenstand der heutigen Berathung, dem Antrag über die Reform des deutschen Bundes übergehen zu wollen, und verständigte die Versammlung über die hiezu gestellten und auf den Tisch des Hauses niedergelegten Anträgen und Modifications-Vorschlägen der Frhrn. v. Gagern, (Stenogr. Bericht S. 15), Moritz Mohl, (Stenogr. Bericht S. 18) und Dr. Michelis (Stenogr. Bericht S. 21).

Die Berathung selbst wurde durch einen einleitenden Vortrag des Frhrn. von Lerchenfeld eröffnet und nachdem ein Antrag des Bibliothekars Hamel aus Homburg (Stenogr. Bericht S. 14) über das Reichsoberhaupt von der Versammlung abgelehnt und ein weiterer Antrag desselben auf Interpellation der Bundesversammlung so wie ein schriftlicher Vortrag des Hofgerichtsrath Dr. Kraft aus Gießen über die deutsche Reformfrage von dem Präsidenten mit Zustimmung der Versammlung zu den Acten gelegt worden — von den obengenannten drei Antragstellern zur Entwicklung ihrer Anträge geschritten. Nach deren Beendigung eröffnete der Präsident die Debatte über den Gesammtgegenstand — und es betheiligten sich an der Discussion in der nach §. 10 der Geschäftsordnung bestimmten Abwechselung als Redner:

für den Antrag:
die Herren v. Wydenbrugk, Prof. Kuhn aus Tübingen, Frhr. v. Rössing aus Hannover, Dr. Wänker aus Freiburg, Dr. Prinz aus Prag, v. Harleß aus München, Ullrichs aus Frankfurt, Prof. Schäffle aus Tübingen und Frhr. v. Varnbüler aus Stuttgart;

gegen den Antrag:
die Herren Frhr. v. Cornberg aus Karlsruhe, Prof. Mack aus Stuttgart, und Bayrhammer aus Ellwangen.

Nachdem die Reihenfolge der Redner erschöpft war, wurde von dem Präsidenten die Discussion für geschlossen erklärt und zur Abstimmung übergegangen, und zwar zuerst über den Antrag von Moritz Mohl, welcher mit großer Majorität abgelehnt wurde.

Die weitere Abstimmung erfolgte nach der Reihenfolge der Ziffer des Antrags von Dr. Weis und Genossen und wurde

Ziffer 1, einstimmig,
Ziffer 2, nach Ablehnung des Antrags von Dr. Michelis ebenfalls einstimmig,
Ziffer 3, einstimmig,
Ziffer 4, mit großer Majorität, ebenso
die Ziffer 5, 6, und 7, nach Ablehnung des Antrages des Frhrn. v. Gagern, mit großer Majorität, und
Ziffer 8, auch mit großer Majorität angenommen.

Schließlich wurde noch von dem ersten Präsidenten die Berathungsgegenstände der morgigen Sitzung, Bildung eines Großdeutschen Vereins und die Frage über den Handelsvertrag mit Frankreich bekannt gegeben, und nachdem über ersteren Gegenstand Frhr. v. Varnbüler und über letzteren Herr Moritz Mohl das Wort sich erbeten hatten, zu einer vorbereitenden Berathung nach dem Wunsche der Versammlung durch das Bureau für die erste Frage ein Comité von sieben Mitgliedern, bestehend aus den Herren Frhr. v. Varnbüler, Froebel, Frommann aus Jena, Frhr. v. Gagern, Groß aus Oesterreich, Frhr. v. Sommaruga, Witte aus Hannover, und für die zweite Frage ein solches von 15 Mitgliedern, bestehend aus den Herren Dr. Benedict aus Wien, Harthmuth aus Böhmen, u. Kerstorf aus Augsburg, Frhr. v. Lerchenfeld aus Bayern, Moritz Mohl aus Stuttgart, Reuffer aus Regensburg, Nibur aus Oldenburg, Regenauer aus Karlsruhe, Baron Riese-Stallburg aus Böhmen, Frhr. v. Rössing aus Hannover, Schäffle aus Tübingen, Frhr. v. Varnbüler aus Württemberg, Witte aus Hannover, v. Wydenbrugk, v. Zehmen aus Sachsen bestimmt, und nachdem die Namen der Gewählten bekannt gegeben waren, die Sitzung durch den Präsidenten geschlossen und die nächste auf morgen früh 10 Uhr anberaumt.

Dr. Weis.

Witte. — Fr. Frommann. — Dr. Grinz. —
von Wydenbrugk. — Dahmen. — Fritz Passavant.
Varnbüler. — Hirschberger, Schriftführer.

Sitzung vom 29. October 1862.

Nach Eröffnung der Sitzung um 10½ Uhr durch den Präsidenten Dr. Weis gab derselbe der Versammlung die eingekommene schriftliche Anzeige des Herrn Dr. Reclam über seine durch dienstliche Verhältnisse eingetretene Verhinderung zur Theilnahme an der Versammlung kund.

Hierauf wurde der Versammlung der Beschluß des Comités über die Bildung eines großdeutschen Vereins (Stenogr. Bericht S. 38) mit dem Beifügen kundgegeben, daß hienach nach dem Schlusse der Sitzung über die Statuten des zu bildenden Vereins, von Jenen, die hiebei sich betheiligen wollen — in besondere Berathung getreten werden solle.

Frhr. v. Varnbüler erhielt hierüber das Wort zu einem einleitenden Vortrage unter Bekanntgabe des Entwurfes der Statuten für einen deutschen Reformverein (Stenogr. Bericht S. 38). An der hierauf eröffneten Debatte betheiligten sich sodann die Herren Dr. Buß aus Freiburg, Dr. Scheurl aus Erlangen, Dr. Bader aus Freiburg, Professor Wildauer aus Innsbruck, Dr. Michelis aus Preußen, Freiherr v. Gagern aus Darmstadt und Dr. Löbenstern aus Hanau.

Bei der hiernach erfolgten Abstimmung wurde der Comité-Antrag von der Versammlung einstimmig angenommen. Sodann wurde der mit Einstimmigkeit zu Stande gekommene Commissionsantrag (Stenogr. Bericht S. 44) über die Zoll- und Handelsverhältnisse Deutschlands durch den Präsidenten zur Kenntniß der Versammlung gebracht und zu einem einleitenden Vortrag hierüber Herrn M. Mohl das Wort gegeben. An der hierauf eröffneten Debatte betheiligten sich die Herren Seiler aus Sachsen, M. Mohl, Dr. Kraus aus Benzheim, Prof. Schulz aus Weilburg, Frhr. v. Rössing aus Hannover und Frommann aus Jena.

Der Comité-Antrag selbst wurde sodann, wie durch die verlangte Gegenprobe sich ergeben hatte, mit allen gegen zwei Stimmen angenommen.

Hiermit war zugleich die Tagesordnung erschöpft und wurde nunmehr von dem Präsidenten zur Bekanntgabe weiterer auf den Tisch des Hauses niedergelegten Anträge übergegangen, als:

1) auf einen Antrag des Dr. Löbenstern aus Hanau (Stenogr. Bericht S. 47) zu einem Ersuchen an die sämmtlichen deutschen Volksvertretungen in Bezug auf die Abordnung von Delegirten.

An der hierüber eröffneten Debatte betheiligten sich Dr. Auerbach aus Frankfurt, Frhr. v. Gagern durch Ueberreichung eines Antrages (Stenogr. Bericht S. 48) auf Uebergang zur Tagesordnung, und Frhr. v. Lerchenfeld aus Bayern, worauf der Uebergang zur Tagesordnung mit großer Majorität beschlossen wurde.

2) Antrag des Herrn Dr. Michelis: (Stenogr. Bericht S. 48) „Mindestens innerhalb eines halben Jahres eine zweite Generalversammlung zu halten." Bei der hierauf eröffneten Debatte betheiligte sich der Staatsrath von Wydenbrugk, worauf Dr. Michelis seinen Antrag zurückzog.

Der dritte und letzte Antrag von Herrn Assessor Ullrich aus Frankfurt (Stenogr. Bericht S. 48) über die gesammtstaatliche Verbindung Deutsch-Oesterreichs mit außerdeutschen Landen, wurde nach Bekanntgabe durch den Präsidenten und einbegleitenden Vortrag durch den Antragsteller — nach erfolgter Discussionseröffnung, woran sich nur Herr Hofrath Dr. Buß aus Freiburg betheiligte, auf des letzteren Antrag wieder zurückgezogen.

Nachdem hiermit die Berathungsgegenstände erschöpft waren, erklärte der Präsident auch die Aufgabe der jetzigen Versammlung für beendigt mit dem Beifügen, daß die Verhandlungen derselben nicht bloß durch die Presse, sondern auch durch eigenen Druck der stenographischen Berichte im Buchhandel zur Veröffentlichung kommen werden; und schloß hierauf — nach kurzer Rede über die Hoffnungen, zu welchen die Ergebnisse der Berathungen berechtigten und mit dem Ausdrucke des Dankes an das einleitende Comité in Frankfurt und ganz besonders dessen Vorstand, Herrn Senator Bernus, für seine vielen Bemühungen, mit einem Hoch auf das ganze einige Deutschland, in welches die Versammlung in dreimaligem Rufe mit Begeisterung einstimmte. Nachdem hierauf auf Antrag des Herrn Hofraths Buß ein weiteres Hoch dem Herrn Präsidenten Dr. Weis gebracht worden, wurde von diesem die Versammlung für geschlossen und die Sitzung für aufgehoben erklärt.

Dr. Weis.

Witte. — Fr. Frommann. — Dr. Grinz. —
von Wydenbrugk. — Dahmen. — Fritz Passavant.
Varnbüler. — Hirschberger, Schriftführer.